editionatelier

© Edition Atelier, Wien 2011
www.editionatelier.at
Cover: Julia Kaldori
Druck: Prime Rate Kft., Budapest
ISBN 978-3-902498-40-3

Das Buch ist urheberrechtlich geschützt. Alle Rechte vorbehalten, insbesondere für Übersetzungen, Nachdrucke, Vorträge sowie jegliche mediale Nutzung (Funk, Fernsehen, Internet). Kein Teil des Werkes darf in irgendeiner Form ohne schriftliche Genehmigung des Verlags und des Autors reproduziert oder weiterverwendet werden.

Mit freundlicher Unterstützung des Bundesministeriums für Unterricht, Kunst und Kultur.

Gerald Schmickl

LOB DER LEICHTIGKEIT

Essays zum Zeitvertreib

edition atelier

INHALT

Mit vielen Augen sehen. Über Zitate,
Autobiografien und ungeschriebene Bücher. Ein Prolog — 7

Wir Post-Heroiker. Warum es über die Generation,
die in den 60er-Jahren geboren wurde, nicht viel zu
sagen gibt — 12

Am Rand stehen. Die Lust am Beobachten und
die Tugend des zweiten Blicks — 17

Schreiben als Abenteuer.
Wie literarische Kreativität entsteht – eine Entdeckungsreise — 25

Urlaub vom Ich. Spekulationen über zeitgemäße Formen
von Glück und Unglück — 35

Sprezzatura und Pizzicato.
Über die erträgliche Leichtigkeit des Seins — 48

»You can't beat two guitars, bass and a drum«.
Warum man von der Droge Popmusik nicht mehr loskommt — 57

Gruppenbild mit Kellner. Zur Anthropologie von Wiener
Wahlbeziehungen — 69

Teutone der Alpen. Warum ich mich in Deutschland
wohl fühle – Ein Bekenntnis — 74

Lob der Selbststeuerung. Drei Beispiele für eine neue
deutsche Aufklärung — 87

Urschrei und Komantschen. Plädoyer für österreichische
Sportreporter — 105

Aus dem Ring geworfen. Die Geschichte eines
ungeschriebenen Catcher-Romans — 119

Wasserratten und Landaffen. Wie ich ins Schwimmen
eintauchte – und mein Schreiben verflüssigte — 128

Märchen für Erwachsene. Über den Umgang
mit sinnvollen Zufällen — 136

Zeitlos? Eine Meditation über das Hier und Jetzt — 153

MIT VIELEN AUGEN SEHEN

Über Zitate, Autobiografien und
ungeschriebene Bücher. Ein Prolog

»Von den meisten Büchern bleiben bloß Zitate
übrig. Warum also nicht gleich Zitate schreiben.«
(Stanislaw Jerzy Lec)[1]

In seiner *Schule des Scheiterns* rechtfertigt der österreichische Autor und Literaturkritiker Peter Zimmermann das Schreiben über sich selbst mit dem Umstand, dass er gar nicht anders könne, als über sich zu erzählen. »Schließlich sehe ich ja die Welt mit MEINEN Augen, und die Erinnerung kann ich auch nicht aus meinem Hirn abzapfen und, in einen Behälter abgefüllt, neben mein Bett stellen. Also glänzt über allem, was ich sage, glorienscheingleich das Wort ICH.«[2]

Auch ich erzähle im Folgenden über mich. Aber ich bilde mir ein, dass ich die Welt nicht nur mit meinen eigenen Augen zu sehen vermag (genau, also wörtlich genommen, freilich schon), sondern dass ich gelernt habe – in erster Linie durch Bücher vermittelt –, sie auch mit den Augen anderer wahrzunehmen, nämlich jenen der jeweiligen Autoren. Es ist zwar eine philosophisch nicht uninteressante Frage, ob das erkenntnistheoretisch überhaupt möglich ist, aber ich gehe einmal davon aus, dass der Transfer gelingt. Immerhin erfahre ich ja tagtäglich, dass er funktioniert – oder bilde es mir zumindest ein.

1 Stanislaw Jerzy Lec: Sämtliche unfrisierten Gedanken. Aus dem Polnischen übersetzt von Karl Dedecius. Zürich: Sanssouci 2007.
2 Peter Zimmermann: Schule des Scheiterns. Wien: Czernin 2008, S. 57.

Und auch in einem anderen Punkt irrt Zimmermann: Man kann seine Erinnerung recht wohl aus seinem Hirn abzapfen und in einen Behälter abfüllen (und meinetwegen auch neben sein Bett stellen). Solche Behälter nennt man Bücher. In sie hinein passen sehr viele Erinnerungen. Die meisten Bücher sind voll damit.

Ich erzähle also über mich und von mir. Aber nicht im direkten, im landläufigen Sinn. Also nicht so, wie etwa – um eines meiner Lieblingsbücher zu nennen – Vladimir Nabokov in *Erinnerung, sprich*[3] von sich erzählt. Auch nicht so, um noch zwei andere Glanzbeispiele autobiografischen Erzählens anzuführen, wie Sándor Márai in *Bekenntnisse eines Bürgers*[4] oder John Updike in *Selbst-Bewusstsein*[5]. Das gelingt mir aus mannigfachen Gründen nicht, deren einfachster noch der ist, dass ich nichts Vergleichbares zu erzählen habe. Was auch ein Glück sein kann; denn in vergleichsweise ruhigen Zeiten leben zu dürfen und von härteren Schicksalsschlägen verschont geblieben zu sein, ist zwar literarisch unergiebig – die allermeisten interessanten Autobiografien handeln schließlich vom Gegenteil –, beschert hingegen eine unschätzbare Lebensqualität, die man etwas pathetisch auch Gnade (etwa einer späten Geburt) nennen könnte.

Mit anderen Worten: Ich habe in meinem Leben noch nicht so viel Spektakuläres erlebt, dass es sich lohnte, davon ausgiebig zu erzählen. Trotzdem nehme ich mir das Recht heraus, über mich zu berichten, und zwar in indirekter Form: Was mir widerfährt, was mich beschäftigt, was mich bestimmt – das spiegelt

---

3   Vladimir Nabokov: Erinnerung, sprich. Deutsch von Dieter E. Zimmer. Reinbek bei Hamburg: Rowohlt 1991.
4   Sándor Márai: Bekenntnisse eines Bürgers. Aus dem Ungarischen von Hans Sirecki. München: Piper 2000.
5   John Updike: Selbst-Bewusstsein. Deutsch von Maria Carlsson. Reinbek bei Hamburg: Rowohlt 1990.

sich in den Themen, von denen im Folgenden die Rede sein wird. Sie sind sozusagen die Behälter oder Gefäße, in welche ich meine Erlebnisse, Gedanken und Ansichten einfließen lasse. Aber eben nicht nur meine eigenen Erlebnisse, Gedanken und Ansichten, sondern auch noch diejenigen anderer Menschen.

Und damit sind wir bei den zahlreichen Zitaten, die im Verlauf dieses Buches auftreten werden. Es sind die Elementarteilchen angenommener Teilhabe am Leben und Denken anderer Menschen. Mir fehlt der Ehrgeiz, alles, was sich im Feld oder Umfeld eines bestimmten Themas erleben, denken und sagen lässt, ausschließlich mit eigenen Worten wiederzugeben. Ich halte das für eine übertriebene Exklusivität – und außerdem für eine unnötige Anstrengung. Warum nicht auf die schriftlichen Erfahrungen jener zurückgreifen, die bereits eine Formel – oder wenigstens eine passende Formulierung – für das gefunden haben, was einen selbst beschäftigt und was man selbst nicht derart konzise auf den Punkt zu bringen vermag? Wozu auf eigener Urheberschaft beharren und verbissen parodieren, was andere längst zu perfekter Aufführung gebracht haben? Der individuelle Anteil an der Auswahl der jeweiligen Szenen beziehungsweise Zitate bleibt ja immer noch groß genug, sodass sich der stolze Begriff der Autorschaft einigermaßen rechtfertigen lässt. Im Übrigen hat sich diese Form des Collagierens in der Epoche der Postmoderne sowieso zu einer eigenen Kunstform entwickelt, die aus fremden Versatzstücken eigene Werke kompiliert. Was in der DJ-Kultur gang und gäbe ist, hat auch bereits in der Literatur Einzug gehalten, gipfelnd in Ulrich Holbeins »Roman« *Isis entschleiert*, der ausschließlich aus Zitaten besteht.[6]

Soweit möchte ich allerdings nicht gehen und möchte auch nicht die Kritik am angeblich parasitären Sekundären in der Kunst teilen, wie sie die Authentizitätsverfechter, etwa der Phi-

---

6 Ulrich Holbein: Isis entschleiert. Heidelberg: Elfenbein 2000.

losoph und Literaturwissenschafter George Steiner, vertreten, für die »wir, die Gegenwärtigen, in dürren Zeiten leben, [...] höchstens der Epilog einer einst vitalen Hochkultur sind, [...] einem byzantinischen Zeitalter angehören, das nichts Eigenes mehr schafft, sondern nur die Überlieferung kommentiert«.[7]

Für mich ist Zitieren, selbst wenn es ausgiebig und ausführlich geschieht, keine wirklich neue, eigenständige Kulturtechnik, sondern ein altehrwürdiges Verfahren, dazu angelegt, in einzelnen Passagen einen stimmkräftigen Chor einzusetzen, wo eine Solostimme doch ein wenig dünn und einsam klingen würde.

Ich führe seit vielen Jahren Zitatbücher, in welchen ich Fundstücke meiner Lektüren und »Lesereisen« versammle. Dass ich diese Zitate nur nach einer mehr unbewussten denn zielorientierten Suche »finden« kann, zeigt deutlich, wie viel mehr diese »Lesefrüchte« über ihren Pflücker verraten als über ihren Hersteller.

In diesem Sinne geben die folgenden Ausführungen Einblicke in meine (Zitat-)Buchführung, eröffnen, zu welchen Themen und Themenkomplexen sich Mengen von Wortmaterial angehäuft haben – teils beabsichtigte, teils unbeabsichtigte Verdichtungen, die auf eine gewisse Dringlichkeit hindeuten. Es ist eine Art Zwischenbilanz in der Bewirtschaftung bestimmter Themen, die ich hier in Form von Aufsätzen und Essays vorlege. Die darin verwendeten Zitate sind einerseits Belege für meine Aufenthalte in bestimmten Sphären, sozusagen geistige Ansichtskarten, andererseits Versuche, eine multiperspektivische Betrachtung zu ermöglichen, eben ein Sehen mit mehreren Augen.

Manche dieser Texte sind übrigens Kurz- beziehungsweise Endfassungen ungeschriebener Bücher. Entweder hat mir jemand anderer das Thema weggeschrieben (beziehungsweise wie im Falle

---

7 Ijoma Mangold in: Die Zeit, 23.04.2009.

von *The Wrestler*, sogar wegverfilmt), oder meine Anstrengungen sind nur bis zu Erkundungen gediehen, wohin das Angedachte überhaupt führen könnte. Manchmal ist freilich, um Walter Benjamin zu zitieren, »das Werk die Totenmaske der Konzeption«, also das Skizzierte, Angerissene, Geplante lebendiger und aussagekräftiger als das Vollendete. Auch für den Triestiner Schriftsteller Claudio Magris, der im Herbst 2008 mit Umberto Eco und George Steiner in Mailand über das Thema »Bücher, die ich nie geschrieben habe« diskutierte, »sind die ungeschriebenen Bücher die wichtigsten«.[8] Aber darüber mögen von Fall zu Fall andere entscheiden.

Wer weiß schon, was uns dadurch entgangen ist, dass etwa Ernst Jandl keinen Krimi geschrieben hat, was er angeblich immer wieder vorhatte. Oder was aus Wolfgang Koeppens nie vollendetem, ja nicht einmal richtig begonnenem Opus magnum geworden wäre.[9]

Dass sich die folgenden Aufsätze, womit nach dieser doch recht philosophischen Vorrede vielleicht gar nicht zu rechnen ist, in der Mehrzahl keinen großen und gewichtigen Themen widmen, sondern eher Nebensächlichem, Randständigem und – in einem Kapitel ganz explizit – dem Leichten, mag auch in der Generationszugehörigkeit ihres Verfassers begründet sein. Denn die Generation der »Post-68er« neigt dazu, wie noch ausführlicher dargelegt wird, sich allem Geschehen eher von der Seite zu nähern, und alles ein bisschen leichter zu nehmen als ihre zwar draufgängerischeren, konsequenteren, aber mitunter auch ein bisschen verbiesterten älteren Kollegen.

---

8   In: Wiener Zeitung, 04.04.2009.
9   Siehe dazu Martin Mittelmeier (Hg.): Ungeschriebene Werke. München: Sammlung Luchterhand 2006.

WIR POST-HEROIKER

Warum es über die Generation, die in den 60er-Jahren geboren wurde, nicht viel zu sagen gibt

»Schauen Sie, mit den 68ern ist das ein Kreuz, [...] um uns zu bewerten, ist es zu früh«, meint der ehemalige deutsche Außenminister und 68er-Aktivist Joschka Fischer im Jahr 2010.[1] Mit dieser Einschätzung hat er vermutlich Recht, auch wenn die Historisierung gerade dieser Generation mittlerweile weit fortgeschritten ist – und für manche bereits mehr oder weniger als abgeschlossen gilt. Die Tendenz, knapp zurückliegende Ereignisse, kollektive Mentalitäten und prototypische Eigenschaften zu resümieren, hat in den letzten Jahrzehnten an Geschwindigkeit zugenommen. Die Bereitschaft, sich selbst zu bewerten und historisch einzuordnen, ist nicht nur bei den 68ern, also der Generation der in den 40er- und 50er-Jahren Geborenen, groß, sondern auch bei ihren Nachfahren, den in den 60er-Jahren Geborenen, welche die Literaturwissenschafterin Aleida Assmann, die über kulturelles Gedächtnis forscht, als »85er-Generation« bezeichnet. (Was der Journalist Oliver Pink, nicht ganz zu Unrecht, etwas rätselhaft findet: »Wieso ausgerechnet 1985? Der Mauerfall war 1989, Tschernobyl war 1986, Helmut Kohl wurde 1982 das erste Mal Bundeskanzler. 1985 war wahrscheinlich

---

1 Zeit-Magazin 35, 26.08.2010.

das ödeste Jahr in den an sich schon öden 80ern. Die Jahrescharts führte damals *Life Is Life* von Opus an.«²)

Doch egal, mit welcher Jahreszahl man diese Generation – so wie auch andere – kennzeichnet, für Aleida Assmann geht die »Theorie der historischen Generationen« jedenfalls davon aus, »dass Menschen in der Jugendzeit Erfahrungen machen, die für ihr ganzes Leben von Bedeutung bleiben: Was man in der Jugend erlebt hat, gräbt sich tiefer in die Erinnerung ein, prägt die ganze Persönlichkeit. Das liegt an der tieferen gefühlsmäßigen Aufnahmefähigkeit in diesem Lebensabschnitt.«³

Wenn nun eine Generation in ihren Jugendjahren keine ernsthaften politischen oder gar tragischen Erfahrungen machen musste, wie sie etwa die Kriegsgenerationen prägten, neigt sie dazu, ihre in frühen Jahren gemachten medialen Erfahrungen zu idealisieren. Das ist in meiner Generation ein unübersehbarer Trend. In den mittlerweile zu Schlagworten geronnenen Selbstbeschreibungsbüchern über die »Generation X« (auf den so betitelten Episodenroman des Kanadiers Douglas Coupland zurückgehend⁴) oder die »Generation Golf« (nach einem Buch des deutschen Journalisten Florian Ilies⁵) geht es um die weitgehend unpolitische Beschäftigung mit Mode, Markenartikeln, Fernsehsendungen, Popmusik und Werbung. Die in Österreich als Internet-Forum gestartete und schließlich als Buch und CD (und sogar als »Clubbing«) erfolgreiche Enzyklopädie *Wickie, Slime und Paiper* listet all die damals populären Marken, Titeln und Sendungen auf, die sich im nostalgischen Rückblick zu kleinen Preziosen einer glückhaften Sozialisation verklären.⁶

2 Die Presse, 02.04.2009.
3 Die Presse, 28.03.2009.
4 Douglas Coupland: Generation X. München: Goldmann 1991.
5 Florian Ilies: Generation Golf. Frankfurt/M.: S. Fischer 2001.
6 Susanne Pauser, Wolfgang Ritschl: Wickie, Slime und Paiper. Wien: Böhlau 1999.

Es ist daher nicht verwunderlich, wenn diese meine Generation, zu deren frühesten Erinnerungen Fernsehhelden, Eissorten und Werbejingels gehören, sich beharrlich weigert, erwachsen zu werden, wie der österreichische Autor Martin Amanshauser (geb. 1968) aus eigener Erfahrung weiß: »Während der schamlosen Ausweitung unserer Jugendjahre, die sich im Kaufverhalten niederschlug, weigerten wir uns länger als jede Generation vor uns, in die Ernsthaftigkeit des Erwachsenenlebens einzutreten. Mit Hingabe traten wir jedoch ins Konsumleben ein. Wo es in unserer echten Jugend drei Produkte gab (Qualität – Mittelklasse – Billigprodukt), gibt es in unserer erweiterten Jugend mindestens dreißig.«[7]

Dieses Hängenbleiben in einer Spätadoleszenz, die für unsere Generation wohl typischer ist als für jede andere vorangegangene, hat aber auch mit einem generellen Umbruch in modernen Gesellschaften zu tun, meint die Psychoanalytikerin Marianne Leuzinger-Bohleber: »In traditionalistischen Kulturen werden die Kinder in einem einzigen Akt, einem Initiationsritus, zum Erwachsenen und setzen die Lebensweise in gleicher Weise wie ihre Eltern fort. In modernen Gesellschaften dauert die Adoleszenz Jahrzehnte. Die Jungen müssen in dieser Zeit inneres Chaos zulassen können, um zu Neuem, Innovativem aufbrechen zu können.«[8]

Mit diesem inneren Chaos können wir gut – und auch leicht – leben, da die übrigen Anforderungen an uns zumeist nicht allzu groß sind. Wirklich hart arbeiten mussten vielleicht noch die meisten unserer Vorfahren, unserer Großväter und Väter, aber kaum mehr einer von uns. Darum zog und zieht es ja so viele von uns in den Medien- und Kulturbereich, wo es sich – trotz aller demonstrativen Aufopferungsgesten und scheinbarer

---

[7] Martin Amanshauser: Viel Genuss für wenig Geld. Wien: C. Brandstätter 2009, S. 12.
[8] In: Frankfurter Allgemeine Sonntagszeitung, 23.05.2010.

Selbstausbeutung – sehr bequem leben lässt. Der deutsche Journalist und Autor Nils Minkmar (geb. 1966) hält diese welthistorische Bevorzugung seiner (und meiner) Generation in einer Selbstbeschreibung sehr treffend so fest: »Als einer der ersten Männer seit vielen Jahrhunderten [...] bin ich nicht durch die Zugehörigkeit zu einem Regiment zu identifizieren – früher eine Selbstverständlichkeit. Ich gehöre keiner Religion und keinem förmlichen Stand an und konnte mein Leben lang machen, was ich wollte.«[9]

In Deutschland sind die 1964 Geborenen mit fast 1,4 Millionen Menschen der stärkste Jahrgang in der Nachkriegsgeschichte (in Österreich wird es sich wohl ähnlich verhalten, auch wenn mir dazu keine genauen Zahlen vorliegen). Aus diesem Umstand, nämlich gewissermaßen in einem Rudel geboren worden zu sein, hat Stefan Willeke, einer der vielen Vertreter dieses Jahrgangs, eine Erklärung dafür abgeleitet, weshalb sich unsere Generation ideologisch von den 68ern abhebt: »In Wahrheit hatten wir etwas gegen Ideologien, weil wir den unbedingten Willen zur Verallgemeinerung nicht verstanden. Wir sind nämlich schon von unserer ersten Stunde an eine [...] Verallgemeinerung, nach weiteren Übertreibungen sehnen wir uns nicht. Wir sind für Sex vor der Ehe, während der Ehe und nach der Ehe, aber wir machen daraus keine Theorie.«[10]

So ein Leben in einer weitgehend ideologiefreien, pragmatischen, konsumfreundlichen, wenig festgelegten Weise ist auch eine der Erklärungen dafür, weshalb unsere Generation – und bisher auch die auf uns folgenden – nicht zum Aufstand neigt, und schon gar nicht zum Vatermord. Ein Mann wie Florian Ilies (geb. 1971), der die »Generation Golf« präzise analysierte, müsste daher wissen, dass sein (in der *Zeit* platzierter) »Aufruf

---

9   Nils Minkmar: Mit dem Kopf durch die Welt. Frankfurt/M.: S. Fischer 2009, S. 12f.
10 In: Zeit-Magazin 39, 17.09.2009.

zum Vatermord« ins Leere geht, selbst im Kulturbetrieb. (»Wo ist der Wille, wo die Wut, Grass, Walser, Enzensberger, Baselitz, Richter, Polke, Zadek, Stein, Fassbinder, Henze, Stockhausen überwinden zu wollen?«[11]) Diese Generation will ihre Väter nicht überwinden – weder ästhetisch noch lebenspragmatisch. Solch ein Überwindungsversuch, der den 68ern noch vertraut war, ist uns später Geborenen schon viel zu mühsam, zu aufwändig, zu heroisch. Wenn unsere Generation überhaupt mit einem Begriff benannt und charakterisiert werden kann, dann wohl mit dem des »Postheroismus«. Denn jeglicher Heroismus, sei er politischer, moralischer oder ästhetischer Natur, ist uns fremd. Er wird ja auch nicht durch allgemeine Lebensumstände (es sei denn privater Art) provoziert oder herausgefordert, wäre daher eine künstliche, pathetische, letztlich leere Pose – und so wirkt er ja auch bei Einzelnen, die sich doch heldenhaft daran versuchen. Wir erleben einfach weniger, vor allem weniger Dramatisches, als unsere Vorfahren, dafür geht es uns halt besser. Kein schlechter Tausch. Nun, das kann man sich zwar nicht aussuchen, aber man kann es zumindest schätzen lernen. Große Gesten braucht es dafür nicht, eher kleine Dankbarkeiten.

Daher kann man sich, wie ich finde, rasch auf folgende konzise Beschreibung von uns Postheroikern einigen: »Eigentlich gibt es nicht viel zu sagen über uns. Erstaunliches ist nicht zu berichten. Wir haben ab und zu Geburtstag. Zu unseren Festen kommen hundert Leute.«[12]

---

11 Die Zeit, 28.01.2010.
12 Stefan Willeke in: Zeit-Magazin 39, 17.09.2009.

AM RAND STEHEN
Die Lust am Beobachten und die Tugend des zweiten Blicks

Als ich schon ein erwachsener Mann war, erzählte mir meine Mutter eines Tages, dass sie einen Buben gesehen habe, der mit seinem kleinen Tretroller einen abschüssigen Weg voller Todesverachtung hinuntergerast sei. Und das gleich mehrmals hintereinander. So etwas, fügte sie hinzu, wäre bei mir als Kind unvorstellbar gewesen. Ich stand, so sagte sie, bei solchen gefährlichen Szenen immer nur daneben, beobachtend, doch nie selbst aktiv werdend. Etwa im Prater oder auf anderen Rummelplätzen, wo ich dem kunterbunten Treiben zwar gerne zusah, aber mich nur ungern in es mischte. Man musste mich buchstäblich in eine Gondel oder ein anderes Gefährt hineinsetzen, ja hineinzwingen, denn nie äußerte ich den Wunsch an einer Vergnügungsfahrt. Und so musste man, sagte meine Mutter, den Eindruck gewinnen, dass mir das Zusehen viel mehr Spaß bereitete als das Mitmachen.

Und das ist in gewisser Weise bis heute so geblieben. Ich schaue bei vielem lieber zu, als es selbst zu tun, bin ein leidenschaftlicher Beobachter (doch kein Voyeur, was ich bei solch einer Disposition auch leicht hätte werden können). Nun ist ja das Schauen, wie das der Wiener Kolumnist Daniel Glattauer in einigen seiner fein hinhörenden und luzide beobachtenden Sprachglossen anschaulich ausgeführt hat, eine Lieblingsbeschäftigung des Österreichers, der – bevor er, wenn überhaupt, aktiv zu werden gedenkt – erst einmal sagt: »Schauen wir einmal.« Was, wie Glattauer treffend übersetzt, zumeist so viel heißt wie:

»Ich werde erst später beginnen, mich nicht darum zu kümmern.« Diese Lebenseinstellung gipfelt in der herrlich selbstbezüglichen Sentenz: »Schauen wir einmal, dann werden wir schon sehen.«[1]

Eine Apotheose abwartender Passivität, lächerlich klingend, aber, wie ich finde, mit einem lebensklugen Kern. Aus nahe liegenden Gründen bin ich daher nicht sehr daran interessiert, das Schauen der Lächerlichkeit preiszugeben, auch wenn es – vor allem in manchen seiner behäbigen österreichischen Varianten – durchaus satirische Qualitäten besitzt. Ich empfinde es als eine aktive Lebenshaltung, als ein verdichtendes Tun, dem ich viele Glücksmomente verdanke. Dem Beobachten, so es nicht wissenschaftlichen Zwecken dient, haftet zu Unrecht die Neigung zu Passivität an, zu Distanz und Rückzug, ja oft gar zur Feigheit. In einer Kultur, die sich mitunter in Handeln und Agieren manisch auslebt, gilt das Beiseitestehen schon fast als ein Akt von Subversion, und das Beobachten als ein lediglich steckengebliebener Handlungsimpuls. Man hält das Schauen zu oft und zu voreilig für ein Sich-nicht-Trauen, für ein Zurückhalten, für leeres Tun. Daraus könnte man, anders betrachtet, auch eine besondere Tugend ableiten, eine edle – südostasiatischen Traditionen und Weisheiten folgende – Haltung von Selbstlosigkeit und Zeugenschaft.

Aber so wie ich kein Interesse daran habe, Schauen und Beobachten lächerlich zu machen, liegt mir auch wenig an dessen Erhöhung zu einem universellen Prinzip. Ich sehe darin einfach eine besondere Haltung und Möglichkeit, am Leben teilzunehmen. Man steht als Beobachter ja nicht wirklich außerhalb des Geschehens, sondern ist viel mehr stets ein Teil davon, wenn auch oft ein unauffälliger.

---

1   Daniel Glattauer: Die Ameisenzählung. Kommentare zum Alltag. Wien, Frankfurt/M.: Deuticke 2001, S. 11.

Was beobachtet werden soll, muss sich nämlich zuvor zeigen. Darum hält man sich als Beobachter, auch wenn man habituell zu den Zurückgezogenen zählt, eben nicht in menschenleeren Landstrichen oder existenziellen Einsamkeiten auf (oder höchstens vorübergehend), sondern am Rande von mancherlei Ereignissen oder Veranstaltungen. Ich bin etwa gerne bei den in Kulturkreisen so häufig geschmähten »Events« dabei (Buchmessen, Konzerten, Symposien, Sportveranstaltungen und Aufläufen aller Art) – nur halt nicht in deren Mittelpunkt stehend, sondern an der Peripherie. Denn nur dort, wo sich etwas abspielt, gibt es, wie gesagt, auch etwas zu beobachten. Wo nichts los ist, schaut man als Beobachter buchstäblich ins Leere. (Woraus nur Zen-Buddhisten eine Tugend zu machen wissen ...)

Vielleicht aber ist die Haltung, sich der Welt hauptsächlich beobachtend zu nähern, gar keine bewusste, irgendwann einmal getroffene Entscheidung, sondern eine Charaktereigenschaft, die man in seinen Genen trägt. Das zwar esoterische, aber deswegen nicht völlig unsinnige und zumindest psychologisch plausible und anschauliche »Enneagramm«, eine Matrix von neun universell geltenden »Lebensfiguren«, hat dem »Beobachter« eine eigene Stelle zugewiesen: die Position »5«. »Fünfer sind zurückgezogene Menschen. Sie wohnen gern an abgeschiedenen Orten, weit weg von emotionaler Spannung. [...] Sie beobachten das Geschehen vom Rand der Menge aus und machen versuchsweise Anstrengungen, sich anzuschließen.«[2] Man befindet sich, fühlt man sich dieser Position »5« zugehörig, übrigens in bester, bunter Gesellschaft: Laut Enneagramm-Experten zählen zu den klassischen »Fünfern« u. a. Buddha, Karl Marx, Bob Dylan, Franz Kafka, Albert Camus, Rainer Maria Rilke, Laotse und Meryl Streep.

2 Helen Palmer: Das Enneagramm. Deutsch von Rita Höner. München: Knaur 1991, S. 261.

Trotz ihrer vermeintlichen Abseitsstellung gibt es für Beobachter – ob »enneagrammatisch« festgelegt oder in ungebundener alltäglicher Neigung – durchaus gesellschaftliche Funktionen, also Tätigkeiten, für die sie sich besonders gut eignen. So sind etwa Schriftsteller *per definitionem* Menschen, die sich dem Beobachten verschrieben haben. Ein solcher war der (2003 verstorbene) serbische Autor Aleksander Tišma, über den die Kritikerin Ilma Rakusa schreibt, dass er sich in seinem Tagebuch zwar des »Skeptizismus, des Egoismus und der Passivität« bezichtigt – »freilich mit dem Hinweis, dass er als Schriftsteller die Wahl getroffen habe, nicht ein Mensch der Tat, sondern der beschreibenden Beobachtung zu sein«.[3] Dem Akt des Beobachtens muss sich freilich noch eine Fähigkeit hinzugesellen, um wirklich als Schriftsteller gelten zu können: eben das (Be-)Schreiben. Wobei es allerdings auch »potenzielle Autoren« gibt, das heißt solche, die ihre Beobachtungen zwar zu Berichten, Essays oder Romanen im Kopf verdichten können, ohne jedoch dafür eine schriftliche Ausdrucksform zu finden. Mitunter passiert es freilich sogar ausgewiesenen oder etablierten Schriftstellern, dass sie eine Zeit lang stille Beobachter verbleiben (müssen) und ihre Gedanken nicht zu Papier bringen (können), sei es wegen Schreibblockaden oder anderer Umstände.

Das Veröffentlichen eigener Anschauungen kostet dem Beobachter sowieso immer Überwindung, da er dafür seinen angestammten Platz zumindest kurzfristig verlassen muss – und somit in den Mittelpunkt jener Aufmerksamkeit rückt, die er viel lieber vom Rande her betrachten möchte. Der Wiener Autor Franz Schuh beschreibt diesen immanenten Zwang, als Publizist den jeweils eigenen Prinzipien untreu werden zu müssen, indem er die Zurückhaltung als die einzige Haltung benennt, »die man haben kann [...]. Alles, was mich nach vorne treibt, in die breite

---

3 Die Zeit, 20.02.2003.

[...] Öffentlichkeit, treibt mich nach vorne aus Eitelkeit, oder aus der Notwendigkeit, Geld zu verdienen ...«[4]

Doch nicht alle Autoren haben solche Skrupel oder solchen Hang zur Selbstkritik. Manche drängen geradezu an die Öffentlichkeit, um sich dort in Szene zu setzen, also eine Rolle zu spielen – sei es die eines »öffentlichkeitsbewussten« Schriftstellers oder die einer moralischen Instanz. Ich denke da spontan – und wenig überraschend – an Günter Grass oder Benjamin Stuckrad-Barre, aber auch an Robert Menasse. Hingegen gibt es nicht wenige Autoren, die zumindest als Personen unsichtbar bleiben wollen, entweder völlig, wie der mysteriöse Thomas Pynchon, oder partiell, wie Botho Strauß und Patrick Süskind, von denen es zwar Fotos und gedruckte Interviews gibt, die aber öffentliche Auftritte verweigern. Mir sind beide Haltungen nicht sympathisch, weil sich in beiden ein gewisses Maß an Selbstüberschätzung ausdrückt. Mir sind diskrete Schriftsteller lieber, die ihre Rolle als beschreibende Beobachter persönlich weniger rigoros und fremdbestimmt auslegen (und ausleben). Neben dem bereits genannten Aleksander Tišma möchte ich noch Gerhard Amanshauser, Wilhelm Genazino und den Essayisten (und Literaturwissenschafter) Jürgen Manthey als idealtypische Vertreter einer klug-distanzierten Grundhaltung nennen – und den Nobelpreisträger Imre Kertész, der seine Entwicklung zum Schriftsteller und sein literarisches Selbstverständnis in einem Interview so zusammengefasst hat:

»[...] Ich wollte meine Unabhängigkeit bewahren, mich nicht einlassen und korrumpieren lassen. Ich täuschte mir ein Leben vor, das es nicht gab, es war eine Fiktion, und in dieser Fiktion habe ich meine Rolle gespielt. Heute kann ich sagen: Ganz gut, denn ich wurde ein Schriftsteller; allerdings bin ich kein Großschriftsteller geworden [...]. Ich wollte so leben: nachdenken,

---

[4] Wespennest 135/2004.

spazieren gehen, schreiben, schwimmen – und das habe ich auch gemacht. Ich wollte nur Schriftsteller sein, Schriftsteller bleiben. Das ist mir gelungen.«[5]

Dieses bescheidene »Lebensprogramm« – nachdenken, spazieren gehen, schreiben, schwimmen – gefällt mir gut, und es will mir scheinen, als ob derart selbstbestimmte, müßiggängerische Tätigkeiten heutzutage schon wieder als Luxus gelten müssten, gerade für Schriftsteller, ob sie nun »groß« oder »klein« sein mögen.

Auch ein anderer ungarischer Dichter, der im vergangenen Jahrzehnt im deutschen Sprachraum wiederentdeckte Sándor Márai (1900–1989), hatte ein feines Gespür für die Reize des Innehaltens und für die Dialektik von aktivem und passivem Tun. In *Bekenntnisse eines Bürgers* schreibt er:

»[...] es gibt ein passives Tun, wenn wir das sichere Gefühl haben, dass etwas zu verweigern, irgendwo nicht hinzugehen, etwas abzulehnen, an einem Ort zu bleiben und sich nicht zu rühren einem Handeln gleichkommt.«[6]

Auch als Soziologe bezieht man zwangsläufig den Standpunkt des Beobachters. Zwar wurde in der soziologischen Literatur schon oftmals bewiesen, dass die Rolle eines unbeteiligten (»wertfreien«) Beobachters außerhalb der Gesellschaft gar nicht möglich ist, aber eine – von gewissen Methoden, also bestimmten Blicken gelenkte – Annäherung an diese idealtypische Position ist sehr wohl möglich. Man kann sich ein Stück weit aus dem Zentrum gesellschaftlicher Selbstverständnisse und Übereinkünfte entfernen, um diese schärfer in den Blick zu bekommen. »Das ist vielleicht die vornehmste Aufgabe der Soziologie,

---

5   Die Zeit, 20.10.2006.
6   Sándor Márai: Bekenntnisse eines Bürgers. Übersetzung: Hans Skirecki. München: Piper 2005, S. 332.

die Gesellschaft mit [...] zweiten Blicken zu versorgen, die das Gewohnte entstellen.«[7]

Als systematischer Beobachter – eine Rolle, die keineswegs Soziologen vorbehalten ist – kann man ein Lieferant solcher »zweiten Blicke« sein. Als Journalist, Kolumnist oder Kommentator kann man solche Blicke ebenfalls kultivieren, wobei in diesen Professionen das Abrücken in eine Distanz, aus der das Gewohnte auf andere und neue Weise betrachtet werden kann, wohl am schwersten ist. Die meisten Publizisten sehen ihre Aufgabe ja nicht darin, gewohnte Sehweisen zu verändern, sondern sie vielmehr zu verstärken. Und oft sind sie es, die durch ihre Sichtweise überhaupt erst definieren, was das Gewohnte ist beziehungsweise sein soll. Daher sind Massenmedien, wie der Kommunikationstheoretiker Norbert Bolz feststellt, »ein Konkurrenzunternehmen zur Soziologie, oder sagen wir einmal, die Soziologie ist ein kleines Konkurrenzunternehmen zu den Massenmedien. [...] wir haben es mit konkurrierenden Beschreibungen der modernen Gesellschaft zu tun.«[8]

Ich habe diese drei exemplarischen Beobachter-Professionen – Schriftsteller, Soziologe, Journalist – auch deswegen gewählt, weil ich in allen dreien persönliche Erfahrungen habe. Ich habe Soziologie studiert, bin Zeitungsredakteur und Autor von bisher drei Büchern, zwei Romanen und einem Sachbuch. Vor allem in meinem Beruf als Leiter der Feuilletonbeilage *extra* der *Wiener Zeitung* habe ich den Status des Beobachters in mehrfacher Weise kultivieren können: als Feuilletonist mit der in diesem Genre üblichen Äquidistanz zu vielen Themen; außerdem als Mitglied der Redaktion einer Zeitung, die aufgrund ihrer Geschichte (mit

7 Armin Nassehi in: Armin Pongs: In welcher Gesellschaft leben wir eigentlich? München: Dilemma 1999, S. 191.
8 Norbert Bolz in: W. Hagen: Warum haben Sie keinen Fernseher Herr Luhmann? Berlin: Kadmos 2004.

dem Gründungsjahr 1703 ist sie die dienstälteste noch erscheinende Tageszeitung der Welt) und ihrer Funktion als »Amtsblatt der Republik« selbst eine Außenseiterposition innerhalb des Mediengefüges einnimmt. Man ist dort einerseits Teil des Mediensystems, andererseits auch dessen Beobachter von außen. Eine nicht unkomfortable Position, die vor zu großer Nähe und Verstrickung in die inneren Widersprüche dieses – gerade in Österreich – distanzlosen Metiers bewahrt und die den Blick für manche Zusammenhänge freihält, die man bei größerer Eingebundenheit nicht so wahrnimmt. Die Nachteile einer geringeren Auflage und somit eines geringeren Bekanntheitsgrades als Autor, wie sie bei solch einer kleinen Zeitung selbstverständlich sind, werden durch die dafür ermöglichten Freiheiten und Ungebundenheiten fast von selbst wettgemacht – ein für beschreibende Beobachter durchaus lohnender Ausgleich.

SCHREIBEN ALS ABENTEUER
Wie literarische Kreativität entsteht – eine Entdeckungsreise

Beim Verfassen meines Romans *Zweiter Durchgang* kam ich nach rund zwei Dritteln an eine Stelle, von der aus ich nicht mehr weiter wusste. Als ich mir diesen kreativen Stillstand einzugestehen begann, tauchte plötzlich der Satz auf: »Doch dann geschah etwas Unvorhersehbares.«[1] Gewiss, es war schon ich, der ihn niederschrieb – und doch kam er irgendwie von außen. Von irgendwo außen. Denn es war auch für mich völlig unvorhersehbar, was nun geschah beziehungsweise geschehen sollte: sowohl den Schreibprozess betreffend als auch den inhaltlichen Fortgang der Geschichte. Aber es geschah tatsächlich etwas: Ich schrieb weiter – und zwar über einen Autobusunfall, der die Handlung buchstäblich auf den Kopf stellte, indem er sie in eine neue Richtung lenkte, in welcher die Geschichte dann – zumindest literarisch – problemlos in ihr Finale mündete.

Bis zu diesem Moment war ich stets skeptisch gewesen, einer Erzählung freien Lauf zu lassen. Ich hatte auf Planung vertraut, mich höchstens dann und wann von einer Formulierung überraschen lassen, die eine mögliche Abweichung vom Konzept andeutete; mich und somit eine Geschichte komplett einer Eingebung hinzugeben, wäre mir nicht in den Sinn gekommen. Aber so etwas kann man ja auch nicht planen, es muss geschehen, einem im wörtlichen Sinn einfallen.

---

1 Gerald Schmickl: Zweiter Durchgang. Wien: Deuticke 2003, S. 150.

Erst als es mir selbst passierte, war ich bereit, den Äußerungen anderer Schriftsteller Glauben zu schenken, die von ähnlichen Vorgängen berichten. Bis dahin hatte ich diese metaphysische Komponente des Schreibens für eine Art literarische Gespenstersonate gehalten, für ein mystisches Raunen – oder für eine Schutzbehauptung, hinter der sich sehr wohl durchaus planende, kalkulierende Autoren verstecken, um sich damit interessanter zu machen. Doch es dürfte tatsächlich mehr dahinter stecken; schließlich erzählen viele Schriftsteller unabhängig voneinander von der Eigendynamik beim Schreiben. Am radikalsten drückt es für mich Martin Walser aus: »Man kann Sätze nicht machen, man kann sie nur entgegennehmen oder ablehnen. [...] Man kann sich ja alles vornehmen, aber was man dann schreiben kann, kann man nicht [...] selber bestimmen. Man muss es nehmen, wie es kommt. Es gibt wahrscheinlich keine passivere Tätigkeit als das Schreiben.«[2]

Etwas aktiver und eine Spur konkreter empfindet Paul Auster dieses Phänomen, wenn er von einem »eigenständigen Kraftfeld« beim Schreiben spricht, »dem ich eigentlich nur noch folgen kann. Ich schlüpfe in die Haut meiner Figuren und weiß nicht immer genau, was nun geschieht.« Daher sei jedes seiner Bücher nicht nur für die Leser, sondern auch für ihn ein »echtes Abenteuer«.[3] Damit bringt Auster den Aspekt der Spannung ins Spiel, an dem auch der Autor teilhaben will. So weiß etwa der schottische Krimiautor Ian Rankin, dessen Inspektor-Rebus-Romane weltweit Millionenauflagen erzielen, während des Schreibens angeblich nie, wie ein Buch ausgehen und wie der jeweilige Kriminalfall gelöst wird. Das ergibt sich, sagte er bei einer Lesung in Wien, manchmal früher, manchmal später, er sei selbst immer sehr gespannt. Wüsste er es im Vorhinein, würde er

---

2   Martin Walser: Vormittag eines Schriftstellers. Frankfurt/M.: Suhrkamp 1996.
3   Kölner Stadtanzeiger, 18./19.10.2008.

keine Romane mehr schreiben, das wäre ihm zu langweilig. Gut, wenn es funktioniert. Ich habe mich bei meinem ersten Roman, dem Krimi *Alles, was der Fall ist*, nicht getraut, die Lösung quasi dem Zufall (oder einer sonstigen, untergründig führenden Instanz) zu überlassen; vielleicht wäre es besser gewesen und der Fall origineller ausgegangen, hätte ich es getan. Spannend war für mich immerhin die Frage, ob ich die Geschichte so, wie ich sie geplant hatte, überhaupt hinbekomme. Auch das ist ja nicht selbstverständlich.

Der englische Literaturwissenschafter und Romanautor David Lodge verweist ebenfalls auf das notwendige Spannungsmoment beim Schreibprozess: »Solange man daran schreibt, ist die Zukunft eines Romans immer vage, provisorisch, unvorhersagbar – wäre das nicht so, wäre die Arbeit, die man beim Schreiben hat, so langweilig, dass man sie nicht ertragen könnte.«[4]

Damit Michael Köhlmeier nicht fad wird, schlüpft er, anders als Paul Auster, nicht in die Haut seiner Figuren, sondern folgt ihnen – und zwar aufs Wort: »Wenn ich eine Erfahrung beim Schreiben gemacht habe, dann die: Ich muss hinter den Figuren hergehen, schreibend, sie müssen mich führen, nicht ich sie. Die Figuren erzählen mir ihre Geschichte, nicht ich erfinde eine Geschichte für sie.«

Der spanische Romancier Javier Marías hält das für ein bedenkliches Qualitätskriterium, »da nur sehr kleinmütige Autoren [...] ›von den eigenen Figuren eingenommen werden‹ oder das Gefühl haben, dass ›ihre Figuren ein Eigenleben entwickeln‹! Diese Verknüpfungen erschafft, oder besser gesagt sieht der Schriftsteller, sie erschaffen sich nicht von selbst.«[5]

---

4 David Lodge: Das Handwerk des Schreibens. Deutsch von Martin Ruf. Zürich: Haffmans 2001.

5 Javier Marías: Das Leben der Gespenster. Aus dem Spanischen von Renata Zuniga. Berlin: Wagenbach 2001, S. 57.

Auch der österreichische Schriftsteller Norbert Gstrein hält »nicht viel von jenen Romantisierungen, in denen sich Schriftsteller aus ihrer Verantwortung zurückziehen und behaupten, die Figuren hätten sich im Roman eben selbständig entwickelt [...]. Das ist mir als poetische Aussage schlichtweg zu naiv. Ich versuche, alles unter Kontrolle zu haben.«[6]

Damit haben Marías wie Gstrein Recht: Es sind schon die Schriftsteller, welche die Figuren und deren Schicksale und Verknüpfungen erschaffen, aber die Frage ist, ob sie dies bewusst planend tun – oder un(ter)bewusst geschehen lassen. Vermutlich trifft beides zu – und meistens ist es ein und derselbe Autor, der teils plant, teils intuitiv vorgeht. Man wird es wohl nicht zu einem absoluten Kriterium für literarischen Wert und dichterische Qualität machen können, ob einer mehr diesem oder jenem Prinzip folgt.

Fast hat es den Anschein, als spiegle sich in diesen widersprüchlichen Deutungen des Schaffensprozesses die große ideologische Streitfrage des 20. Jahrhunderts: planen oder freie Hand? Aber anders als in Ökonomie und Politik, wo diese Frage spätestens seit 1989 endgültig beantwortet scheint, ist sie in der Ästhetik nicht so eindeutig zu entscheiden, obwohl in den vergangenen Jahrzehnten auch auf diesem Gebiet die Vertreter einer freien Markt- und Kreativwirtschaft die Oberhand gewonnen haben. Es regiert, wenn man so sagen will, eine Art Neoliberalismus des literarischen Einfalls – Motto: keinen Plan haben. Man vertraut einer Art unsichtbar ordnenden schöpferischen Hand. Dass in diesem Vertrauen auch Reste eines Glaubens an Magie und Sehertum eingeschrieben sind, und zwar selbst bei mystisch unverdächtigen Autoren, liegt auf einer anderen Hand (die gerne verstohlen versteckt wird). Auch manche heutige Autoren sehen oder empfinden sich als der schamanisch-priesterlichen Tradi-

---

6   profil 33, 16.08.2010.

tion von Übermittlern und Empfängern verpflichtete Wesen, auch wenn das Empfangene keinerlei verpflichtende Botschaft mehr enthält, sondern lediglich freie literarische Handlungsverläufe bietet.

Das eigentlich Magische, das Zauberkunststück der Dichter, besteht jedoch darin, all diese Entstehungsprozesse unauffällig verschwinden zu lassen, damit der Leser »während der Lektüre vergisst, wie die Geschichte erzählt ist, und das Gefühl hat, der Roman [...] sei das Leben selbst, das durch Personen, Landschaften und Ereignisse so lebendig verkörpert wird, dass es uns als gelesenes Leben vorkommt.«[7]

Damit es aber überhaupt so weit kommen kann, muss der Schriftsteller sich zuerst einmal seinem ureigensten Medium und Instrument anvertrauen, der Sprache. Daher überlässt sich etwa Lars Gustafsson beim Schreiben ganz dem Fluss dieser Kraft, die nicht von außen kommt, auch nicht von den Figuren, sondern von innen, vom Medium selbst: »Wenn ich Romane schreibe, denke ich nie daran, was passieren soll. Ich skizziere keine Plots. Die Geschichte fließt aus der Sprache.«[8]

Auch für Yasmina Reza ist die Sprache mehr als bloß ein Mittel zum Zweck: »Bei meiner Arbeit ist mir der Ton der Sprache weit wichtiger als ihr Inhalt.« Auf den Einwand (des Interviewers), dass ihre Stücke aber alles andere als inhaltslos seien, also keineswegs sprachliche *l'art pour l'art*, entgegnet die französische Star-Dramatikerin: »Ich sage nur, dass mir der Klang einer Geschichte mehr bedeutet als die Geschichte an sich. [...] Es kommt häufig vor, dass ich Wörter verwende, weil sie an einer bestimmten Stelle gut klingen, und nicht, weil sie an dieser bestimmten Stelle richtig sind.«[9]

---

7   Mario Vargas Llosa: Briefe an einen jungen Schriftsteller. Aus dem Spanischen von Clementine Kügler. Frankfurt/M.: Suhrkamp 2004, S. 79.
8   Die Presse, 18.07.1998.
9   Die Zeit, 17.05.2001.

Wobei »gut klingend« und »richtig« kein Gegensatz sein muss, wie Flaubert in seiner Theorie des »*mot juste*« (vor allem aber in der poetischen Praxis) ausgeführt hat. »Das richtige Wort war jenes eine, das die Idee genau ausdrückte. Der Schriftsteller war verpflichtet, es zu finden. Wie wusste er, wann er es gefunden hatte? Das sagte ihm sein Gehör. Das Wort war richtig, wenn es gut klang.«[10]

Der gute Klang, die Tonart einer Dichtung, muss von Beginn an stimmen beziehungsweise stimmig sein. Darum ist häufig – nicht immer – schon der erste Satz immens wichtig, wie auch Nobelpreisträger Günter Grass weiß, der seine Stoff- und Materialmassen zwar grafisch vorstrukturiert, diese Skizzen aber später meistens über den Haufen wirft: »Und dann kommt das Schwierigere: der erste Satz. Nun geht es darum, den Ton anzuschlagen, der zum Beispiel eine Novelle oder einen episch konzipierten Roman trägt. So im *Butt*: ›Ilsebill salzte nach.‹ Mit diesem kurzen Satz klingt der Märchenton an, die böse Ilsebill und der Konflikt mit dem Erzähler, der offenbar gekocht hat. Alles steckt in diesem ersten Satz.«[11]

Eine Jury ist der Selbsteinschätzung des Autors gefolgt und hat die Eingangssentenz aus dem Roman *Der Butt* im Jahr 2007 zum schönsten ersten Satz aller deutschsprachigen Romane und Erzählungen gewählt. Das ist natürlich eine sehr beliebige und auch heftig umstrittene Entscheidung (gewesen). Man hätte, meiner Meinung nach, genauso gut den ersten Satz aus *Morbus Kitahara* von Christoph Ransmayr auszeichnen können, an dem der österreichische Schriftsteller, wie er einmal eingestand, viele Wochen gefeilt hat: »Zwei Tote lagen schwarz im Januar Brasiliens.«[12]

---

10 Llosa 2004, S. 40f.
11 Die Zeit, 04.10.2001.
12 Christoph Ransmayr: Morbus Kitahara. Frankfurt/M.: S. Fischer 1995.

Bei dieser Gelegenheit gebe ich meinen Lieblingssatz bekannt, der aus Anthony Burgess' Roman *Der Fürst der Phantome* stammt: »Am Nachmittag meines einundachtzigsten Geburtstags, als ich mit meinem Buhlknaben im Bett lag, kam Ali und sagte, der Erzbischof sei da und wolle mich sprechen.«[13]

Aber ist mit dem ersten Satz tatsächlich schon ein Grundstein gelegt? Beginnt die eigentliche Arbeit und Mühsal des Schreibens nicht vielmehr erst danach? Eine Zeit lang mag einen ein beflügelnder Eingangssatz wie jener aus dem *Butt* – oder auch der deutlich längere (und schlüpfrigere) von Burgess – über die nächsten Passagen hinwegtragen, aber allzu lange wirkt er wohl nicht nach. Daher gibt auch Grass zu: »[...] wenn dieser Satz steht [...], muss ich ab und zu mal auf den einen oder anderen Plan gucken.« Also doch. Das beruhigt mich. Für den in Wien lebenden bulgarischen Autor Dimitré Dinev entsteht das Musische eines Textes nicht »am Anfang, sondern erst in der Mitte des Schreibens. Dann schreibst du plötzlich besser, als du eigentlich kannst. Um genau dieses Gefühl zu spüren, schreibt man ja auch.«[14]

Der amerikanische Autor Don DeLillo kommt beim Verfassen seiner Bücher nur in ganz kleinen Schritten voran: »Ich denke Satz für Satz, Stein auf Stein. Ich lerne aus meinen eigenen Sätzen etwas über die Figuren eines Romans. Die Sätze bringen mir auf eine merkwürdige Art etwas über das Buch selbst bei. Ich begreife erst während des Schreibens, was ich wirklich sagen will.«[15]

Wie DeLillo ergeht es dem österreichischen Kritiker und Essayisten Karl-Markus Gauß, der ebenfalls – anders als Javier Marías, der die Zügel seiner Kopf- und Wortgeschöpfe fest in

---

13 Anthony Burgess: Der Fürst der Phantome. Übersetzt von Wolfgang Krege. Stuttgart: Klett-Cotta 1984.
14 Die Presse, 25.02.2005.
15 Zeit-Magazin 42/2007.

der Hand zu halten vorgibt – erst beim Schreiben Klarheit darüber erlangt, was er eigentlich sagen will. Gauß hält die allmähliche Verfertigung der Gedanken beim Schreiben für ein bestimmendes Charakteristikum von Schriftstellern: »Ein Schriftsteller muss schreiben, nicht weil ihn ein dunkler Drang dazu nötigt, sondern weil er nur, indem er schreibt, über die unklaren Dinge Klarheit bekommen [...] kann. Die Gattung spielt dabei keine Rolle.«[16] Selbst bei Buchkritiken entsteht das Urteil – zumindest bei Gauß – erst beim Schreiben: »Erst wenn ich mich hinsetze und zwinge, für meine im vor-sprachlichen Stadium verharrenden Vor-Gedanken Sprache zu erschaffen, erfahre ich selber, was ich schon vorher von diesem oder jenem [Buch] gehalten habe.«[17]

Das kann ich gut nachvollziehen. Mir geht es beim Schreiben ähnlich. Erst die buchstäbliche Aneinanderreihung von Wörtern gibt meinen diffusen, mitunter amorphen Gedanken, Stimmungen und Ahnungen eine Struktur – sie richten sich sozusagen auf, stehen gerade. Und manchmal bekommt eine Meinung oder ein Urteil auf diese Weise eine überraschende Wendung, driftet in eine andere, manchmal positivere, manchmal negativere Richtung. Nicht immer steht der Möglichkeitsraum so weit offen, aber mitunter passiert es, dass sich durch seine Formulierung der Gedanke selbst verwandelt. Bei »Denkstellern«, wie Karl-Markus Gauß sie bezeichnet, die mit einer festen Vorstellung ans Veräußern ihrer Gedanken herangehen, verhält sich die Sache anders: »Denksteller oder Philosoph ist [...] der Autor, der sich der Schrift nur bedient, weil es bedauerlicherweise bis heute keine andere taugliche Form gibt, seine Gedanken zu fixieren und mitzuteilen.« Daher gewinnt der Schriftsteller »beim Schreiben

---

16 Karl Markus Gauß: Mit mir, ohne mich. Wien: Zsolnay 2002, S. 54.
17 Ebenda.

immer dazu, der Denksteller muss achten, dass er schreibend nicht allzu viel verliert, aber verlieren tut er immer«.[18]

Das klingt überzeugend, ist bei mir aber von Fall zu Fall verschieden – weil ich wahrscheinlich manchmal mehr Schrift-, dann wieder mehr Denksteller bin. Daher habe ich beim Schreiben manchmal das Gefühl, tatsächlich etwas hinzuzugewinnen – eine Erkenntnis, eine Klarheit, einen Überblick –, manchmal aber den Eindruck, etwas zu verlieren. Mir entzieht sich dann die Fülle – an Gedanken, Stimmungen, Zusammenhängen –, und was schließlich übrig bleibt und am Bildschirm steht, kommt mir im Verhältnis zum Gedachten oft ausgedünnt, mager, mickrig vor. Zum Glück überwiegen die Momente des Hinzugewinnens, sonst hätte ich das Schreiben wohl schon längst sein lassen. Es geht dabei ja auch immer um einen – mehr oder weniger – simplen Lustgewinn. Auf dass ein solcher sich einstellt, muss es beim Schreiben aber auch merklich vorangehen – egal ob mit Plan oder mit Eingebung. Wenn man hängt, stockt und nicht weiterkommt, ist der Lustgewinn in jedem Fall gering. Daher können Vorgaben beim Schreiben durchaus hilfreich sein, wie manche Schriftsteller bestätigen. Etwa Yasmina Reza: »Wenn man sich beim Schreiben nicht früh genug auf gewisse Dinge konzentriert, verwandelt sich die totale Freiheit schnell in Seenot. Deshalb mag ich Vorgaben, auch und gerade bei der Prosa. In der Schule wurde uns manchmal die Aufgabe gestellt, eine Geschichte mit einer bestimmten Anzahl Wörtern, einer bestimmten Anzahl Figuren und einem einzigen Schauplatz zu erfinden – ich liebte das.«[19]

Auch Dimitré Dinev schätzt Vorgaben: »Am besten ist es, ein vorgegebenes Thema zu haben. Denn mit dem Thema kommt die Freiheit. Der Blick wird geschärft, bestimmte Bilder tau-

---

18 Ebenda, S. 55.
19 Die Zeit, 17.05.2001.

chen auf, ein bestimmter Rhythmus kündigt sich an. [...] Fast alle Erzählungen in meinem ersten Buch sind entstanden, weil ich bei Literaturwettbewerben mit einem bestimmten Thema mitgemacht habe. Und auch Tschechow, der genialste Kurzgeschichtenschreiber, hat nicht zufällig meistens auf Auftrag geschrieben.«[20]

Auch ich mag Vorgaben. Im vorliegenden Fall waren es die Zitate, die mir vorgegeben waren beziehungsweise die ich mir vorgegeben habe. Aus und mit ihnen einen Zusammenhang herzustellen, der nachvollziehbar ist, war mir Vorgabe und Absicht zugleich. Der Weg zum Ziel war freilich nicht vorgegeben, und so haben sich da und dort Abzweigungen ergeben, unvorhergesehene Abweichungen, die mir einmal mehr gezeigt haben, wie sehr es sich beim Schreiben um ein Wechselspiel von Planung und Freiheit handelt. Ich glaube, dass es die – nie exakt zu berechnende wie nie vollends herzustellende – Balance zwischen diesen beiden Konstituenten jedes schöpferischen Prozesses ist, die das Schreiben zu einem derart großen und auch lustvollen Abenteuer macht.

---

20 Die Presse, 25.02.2005.

URLAUB VOM ICH

Spekulationen über zeitgemäße Formen von Glück und Unglück

»Ich bin nämlich eigentlich ganz anders.
Nur komme ich so selten dazu.«
(Ödön von Horváth, *Zur schönen Aussicht*)

Ich halte es für eines der zentralen Bücher der Gegenwart; vor allem, wenn man verstehen will, warum so viele Menschen in relativ glücklichen Zeiten unglücklich sind. Das erklärt für mich niemand plausibler als Alain Ehrenberg in seiner im Original 1998, auf Deutsch 2004 erschienenen Studie *Das erschöpfte Selbst. Depression und Gesellschaft in der Gegenwart*.[1]

Der französische Soziologe zeigt darin, neben einer materialreichen Darstellung der Kulturgeschichte der – vor allem französischen und amerikanischen – Psychiatrie und des Neurosen- und Depressionsbegriffs, wie die etwa ab den 1970er-Jahren in den westlichen Industrieländern erhobene Forderung, dass jeder aus dem Leben, das ihm selbst gehöre, etwas zu machen habe, zu einer rapiden Zunahme von Depressionen führte. »Sie ist eine Krankheit der Verantwortlichkeit, in der ein Gefühl der Minderwertigkeit vorherrscht. Der Depressive ist nicht voll auf der Höhe, er ist erschöpft von der Anstrengung, er selbst werden zu müssen.«[2]

1 Alain Ehrenberg: Das erschöpfte Selbst. Depression und Gesellschaft in der Gegenwart. Aus dem Französischen von Manuela Lenzen und Martin Klaus. Frankfurt/M., New York: Campus 2004.
2 Ehrenberg 2004, S. 4

Der Überdruss, ständig man selbst sein und etwas aus sich und seinem Leben machen, also das Programm der Emanzipation im Alleingang vollenden zu müssen, führt zu einer Erschöpfung des Selbst, zu einer generellen Apathie und einem chronischen Gefühl der Unzulänglichkeit. »Wir treten in die moderne Zeit der Depression ein: Das an seinen Konflikten erkrankte Subjekt lässt dem durch seine Unzulänglichkeit erstarrten Individuum den Vortritt. Die Emanzipation verschiebt die Einschränkungen, schafft sie aber natürlich nicht ab. Sie trägt zur Entstehung einer neuen Kultur des inneren Unglücks bei.«³

Aus diesem Grund, so meint Ehrenberg, habe die depressive Erschöpfung, wie sie etwa in Form von »Burnouts« zu einer Massenerscheinung in heutigen kapitalistischen Leistungsgesellschaften geworden sei, die neurotische Angst verdrängt, welche noch Freud als zentrale »Lähmungserscheinung« seiner Zeit diagnostiziert hatte. Sie könne aber nicht einfach wegtherapiert werden, nicht zuletzt deshalb, weil viele Psychotherapien das Problem, das zu überwinden sie helfen wollen, noch verstärken, indem sie weitere hohe Anforderungen an das Individuum stellen. »Wir leben mit dem Glauben, dass jeder die Möglichkeit haben sollte, sich selbst seine eigene Geschichte zu schaffen, statt sein Leben wie ein Schicksal zu erleben.«⁴

Das führt uns zu zwei prominenten, literarisch-philosophisch gestalteten Modellen: einerseits zu Musils *Mann ohne Eigenschaften*, für den »das Unbestimmte offen ist, er entleert sich zunehmend von jeder von außen aufgezwungenen Identität, die ihn strukturierte«⁵; andererseits zu Nietzsches »Übermenschen«, von dem Ehrenberg sagt: »Das Individuum, das sich, von der Moral befreit, selbst erzeugt und zum Übermenschlichen neigt, das auf seine eigene Natur einwirken, über sich selbst hinausge-

---

3 Ebenda, S. 151.
4 Ebenda, S. 262.
5 Ebenda.

hen, mehr als es selbst sein will, ist für uns inzwischen Realität geworden. Doch es [...] ist zerbrechlich, ihm fehlt es an Sein, es ist von seiner Souveränität erschöpft und beklagt seine Erschöpfung. [...] Die Depression ist [...] die Krankheit par excellence des demokratischen Menschen. Sie ist die unerbittliche Kehrseite des Menschen, der sein eigener Herr ist.«[6]

So deprimierend zutreffend diese Gegenwartsdiagnose ist, entspringt ihr aufgrund ihrer evidenten Klarheit, wie ich finde, auch ein gewisses Quantum an Trost. Einen Prozess zu verstehen hilft auch dann weiter, wenn man nichts unmittelbar dagegen tun kann. Denn man vermag den Grundwiderspruch zumindest zu sehen und zu benennen: Wir werden immer freier – und fühlen uns immer verlorener. Auch eine Art von »negativer Dialektik«. Ehrenberg ist dabei keineswegs demokratiefeindlich oder reaktionär; trotz aller Gegenwartskritik sieht er keinen Weg zurück, hält jeden solchen für eine anachronistische Sackgasse. »Es ist nutzlos, zitternd für eine Rückkehr des Verbots zu plädieren oder unermüdlich daran zu erinnern, dass man den Subjekten, die keine Grenzen mehr kennen, welche zeigen muss.«[7] Was für den Einzelnen zu tun ist, lässt Ehrenberg – darin der Logik seiner Analyse konsequent folgend – offen. Sein Beitrag versteht sich nicht als eine weitere Therapie, sondern vielmehr, im Sinne der guten alten »Kritischen Theorie« der »Frankfurter Schule«, als eine Theorie, die sich der unmittelbaren Praxis versagt. Eine Kritik des heute allgegenwärtigen Handlungsimperativs »Mach etwas aus dir!« kann schwerlich selbst zu einem Handeln, wofür oder wogegen auch immer, auffordern. Sie sympathisiert lieber verhalten mit der handlungsinaktiven Kompetenz der Depression. Diese hat – als »Geländer des führungslosen Menschen«[8] – auch eine Funktion. Man muss sie deswegen nicht guthei-

6 Ehrenberg, 2004, S. 262.
7 Ebenda, S. 273.
8 Ehrenberg, 2004, S. 278.

ßen, sollte aber lernen, sie zumindest in Grenzen auszuhalten, eben als zugehörige Kehrseite der allzu vielen Möglichkeiten der Selbstfindung beziehungsweise -erfüllung.

Nun ist aber das Problem des Selbstüberdrusses – im durchaus alltäglichen Sinn – nicht erst seit der Forderung nach Eigenverantwortung und Selbstverwirklichung bekannt. Man begegnet ihm in vielen historischen und regionalen »Spielarten« und in verschiedenen, oftmals literarischen Masken. Ich versuche das Phänomen in der Folge anhand einiger Zitate zu umkreisen, die mir in ganz unterschiedlichen Zusammenhängen zugefallen sind, und möchte einige unorthodoxe Lösungsvorschläge diskutieren.

In einer Rezension über Ilse Aichingers Buch *Film und Verhängnis*[9] heißt es etwa: »[...] Es sind Rapporte über die Gnade, zeitweilig von der Last, ›Ich‹ zu sein, erlöst zu werden.«[10] Und ein Zitat Aichingers lautet: »Im Kino wird das Verschwinden geübt. Die Filmlandschaft ist zugleich Zuflucht und Ort der Distanz zur eigenen Person.«[11]

Hier ist in knappen Worten ein ganzer Kontinent von Möglichkeiten angedeutet, dem Ich zu entkommen und Distanz zur eigenen Person herzustellen. Denn was im Film oder vielmehr im Kino funktioniert, wo mit der Verdunkelung des Saals das Heraustreten aus dem eigenen Leben beginnt und damit das Eintreten in fremde Lebenswelten, ist im Theater, in der Oper und auch bei der Lektüre von Romanen ebenso möglich. Ja, es ist nicht nur möglich, es ist geradezu die Voraussetzung dafür, dass sich so etwas wie ein Kunsterlebnis überhaupt einstellen kann. Man muss sich in den – so oder so dargestellten – Ge-

9   Ilse Aichinger: Film und Verhängnis. Frankfurt/M.: S. Fischer 2001.
10 In: NZZ, 09.10.2001.
11 Ebenda.

schichten buchstäblich verlieren, auf dass diese ihre verführerische Kraft entfalten. Erst im »Mitleben« werden Handlungen, ob verfilmt, auf einer Bühne gespielt oder in einem Buch erzählt, nachvollziehbar. Und das ist keineswegs auf Kunst(werke) beschränkt – es funktioniert bei jeder Form von »Unterhaltung«, in beiderlei Wortsinn. Denn jedes Gespräch kann ein Heraustreten aus der eigenen Person bedingen (freilich auch ein nachdrückliches Beharren darauf), wie auch jegliche Art von »Zerstreuung«, egal, ob es sich dabei um Fernsehen, Spiele oder Sportveranstaltungen handelt.

Was sind denn Fußballspiele für die Zuseher anderes als groß organisierte Übertritte ins Selbstvergessen? 90 Minuten – oder länger – geht man in einem größeren Ganzen auf (und vielleicht auch unter), und zwar geistig und emotional. Ich vermute, dass das auch der Grund ist, warum so viele Intellektuelle große Fußballfanatiker sind. Kaum anderswo haben sie die Möglichkeit, derart radikal aus ihrem Selbst vorübergehend herauszutreten und eine von ihren Gewohnheiten und Haltungen abweichende Identität zu entwickeln. Noch dazu innerhalb einer schützenden Masse. Wobei natürlich jegliches Gruppenerleben – weit über den Fußball hinaus, wenngleich dort besonders auffällig – eine Distanz zum individuellen Selbst bewirkt, das Eintreten in einen größeren Verband mit einem kollektiven Selbst ermöglicht. Tausende Seiten Literatur über Massenpsychologie zeigen im Detail, wie diese Transformation vor sich geht, welche Verwandlung aus Individuen eine Masse mit eigenem Willen und eigenen Gesetzen machen. Diese Verwandlung ist jenseits aller monströsen Auswüchse, zu denen sie neigt (und die man in erster Linie mit der Masse assoziiert), jedenfalls eine probate Möglichkeit, »Auszeit« vom eigenen Selbst zu nehmen. Sollte das der Grund sein, warum sich Massenveranstaltungen im Zeitalter des Individualismus solch großer Beliebtheit erfreuen?

Doch nicht nur Massenveranstaltungen, auch andere Gelegenheiten zu massenhaft synchron ausgelebten Gefühlen werden bereitwillig angenommen. Die weltweite Trauer nach dem Unfalltod von Prinzessin Diana dürfte so ein globales Phänomen gewesen sein, nämlich Zuflucht bei kollektiven Emotionen zu finden, die in diesem Ausmaß individuell nicht (aus-)lebbar sind. Mit anderen Worten: Bei jenem Anlass sind – möglicherweise – Gefühle von Trauer und Traurigkeit nicht nur hochgekommen, sondern als bereits vorhandene »dankbar« abgeführt worden. In den mit vielen anderen geteilten Gefühlen nistet nämlich eine oft unterschätzte Geborgenheit, die das sich selbst überlassene Individuum gerne annimmt. Nicht nur bei Trauerfällen. Der globale Enthusiasmus anlässlich der Amtseinführung von US-Präsident Obama im Jänner 2009 war ein ähnliches Phänomen.

Die Eingebundenheit in globale Emotionslagen kann allerdings auch zu einer Überbeanspruchung individuellen Vermögens führen. Wir bekommen täglich eine zu hohe Dosis an Weltgefühlen medial verabreicht, was unsere Aufnahmefähigkeit übersteigt. Wir müssen aus diesem Mix höchst disparater Gefühle erst jene herausfiltern, die wir mitempfinden können. Sonst droht die Gefahr, dass wir emotional überflutet und im undifferenzierten, hypertrophen Mitfühlen erst recht depressiv werden.

Es gibt freilich Menschen, die zwar imstande sind, Trauer mit anderen, ihnen unbekannten Menschen zu empfinden, den Kontakt mit ihrem eigenen Leid jedoch verloren haben. Sie weinen dann zwar um verunglückte Prinzessinnen, Kinder oder Sportler, sind aber unfähig, für ihre eigene missliche Lage einen passenden emotionalen Ausdruck zu finden. Doch ich will mich hier nicht in allgemeiner Kultur-, Medien- und Menschenkritik verlieren, denn psychoenergetisch betrachtet ist es ziemlich gleichgültig, aus welchem inneren oder äußeren Anlass Gefühle empfunden oder ausgedrückt werden – es bleiben doch stets Gefühle. Und es kann eben – das ist in diesem Zusammenhang das Entscheidende – durchaus eine individuelle Entlastung sein, wenn man die Gefühle anderer übernimmt. Da diese medial-emotionale Übertragung in weltumspannendem Ausmaß funktioniert, ist zu vermuten, dass diese »Angebote« vielen Menschen willkommen sind. Ob es moralisch – und psychohygienisch – wünschenswert ist, ist eine andere Frage. Aber wir sind heutzutage mit so vielen (und nicht selten unbeantwortbaren) moralischen Fragen konfrontiert, dass wir auch diese eine gut und gerne unbeantwortet lassen können. Das ständige allgemeine Moralisieren, also die Forderung an sich selbst, etwas bei anderen gut oder schlecht zu finden (und meist eher Letzteres), führt ebenfalls zu Selbstüberforderung und zu Depression.

Dass das Unterschlüpfen in allgemeine Zustände, welcher Art auch immer, eine individuelle Entlastung sein kann, gewissermaßen ein Ausflug vom Ich, wusste schon Egon Friedell, der gestand: »[...] wie oft ich zur Erholung von mir irgendwo unterzutreten suchte – in irgend einer Verehrung oder Feindschaft oder Wissenschaftlichkeit oder Leichtfertigkeit oder Dummheit.«[12]

Die Möglichkeiten, Urlaub vom Ich zu nehmen, sind schier unbegrenzt. Man muss sie nur ergreifen – oder genauer: ergreifen können wollen. Was für Schriftsteller, die sich regelmäßig in das Leben anderer Menschen hineinversetzen, leichter sein mag. Sie sind darin geübter. Für Elias Canetti ist der Dichter der »Hüter der Verwandlung«. Um aus der Erstarrung festgelegter Rollen und Identitäten auszubrechen, bedarf es der Macht der Phantasie, welche Dichter besitzen beziehungsweise hüten. »Verwandlung bedeutet, sich solchen Festlegungen zu entziehen, und

---

12 Egon Friedell: Schriftsteller – Schriftspieler. Wien: Löcker 2003.

was der Dichter hütet, ist nach Canetti die Möglichkeit eines jeden Menschen, ein anderer zu sein.«[13]

Wie sehr die Themen »Ich« und »Verwandlung« die Phantasien von Schriftstellern stimulieren, kann man mitunter schon an Buchtiteln ablesen, von denen einige aus dem Angebot der letzten Jahre – mehr oder weniger beliebig – hier herausgegriffen seien: *Ich – ein anderer* von Imre Kertesz, *Das bin doch ich* von Thomas Glavinic oder *Wer bin ich – und wenn ja wie viele?* von Richard David Precht (auch wenn es sich bei diesem Sachbuch großteils um eine »philosophische Reise« weitab von individuellen Identitätsfragen handelt).

Auch den niederländischen Autor P. F. Thomése beschäftigt in seinem Buch *Schattenkind* die Frage, über wie viele Leben man als Einzelner verfügen kann: »Das Eigene ist ein Modell, ein Konzept, ein Entwurf. Etwas, das man auf Verlangen vorzeigen kann. Deshalb wünscht man sich verschiedene Leben [...] Man will sich ständig verändern, und das bedeutet: einen anderen aus sich machen. Jemand anders werden, so dass man selbst nicht zu existieren braucht.«[14]

Wiewohl man diesen Wunsch des Autors verstehen kann, dessen Kind schon nach wenigen Lebenstagen verstorben ist (von der Trauer darüber handelt das Buch *Schattenkind*), ist er doch in einer so allgemeinen Radikalität und Apodiktik formuliert, dass der Wunsch einer fixen Idee gleicht, einer Zwangsvorstellung, die ihrerseits viel neues Potenzial an Kummer und Leid bereithält. Denn sich ständig zu verändern – wie es ja auch vom »flexiblen Menschen« (Richard Sennett) im entfesselten Kapitalismus verlangt wird – und einen anderen aus sich zu machen, erscheint um nichts erstrebenswerter, als ständig man selbst zu

---

13 Franz Schuh in: Die Zeit, 03.08.2000.
14 P. F. Thomése: Schattenkind. Aus dem Niederländischen von Andreas Ecke. Berlin: Berlin 2004, S. 35.

bleiben. Es ist nur die Kehrseite eines generellen Überforderungsprogramms. Wie man nicht ständig man selbst sein kann und will, so kann und will man auch nicht ständig ein anderer sein. Weder die totale Identität noch die totale Verwandlung sind wünschenswerte Ziele – denn beide enden in Erstarrung. Eine Balance zwischen diesen Polen zu finden, ist die Voraussetzung für Lebendigkeit. Das setzt einen Persönlichkeitstypus voraus, der möglichst viele disparate Fähigkeiten in sich vereint. Helmut Krausser lässt in seinem Roman *UC* eine Figur über ein solches zeitgemäßes Persönlichkeitsprofil reflektieren: »[...] Kurthes redete davon, dass heutzutage der Mensch von Niveau eine multiple Persönlichkeit sei, sein müsse, virtuell schizophren, nicht im Sinne eines Krankheitsbildes, einfach nur, um die vielen Erfordernisse, die eine rasante und vielschichtige Gegenwart an die Persönlichkeit stelle, verarbeiten und erfüllen zu können. ›Der Konkurrenzkampf im Beruf fordert ganz andere Tugenden und Charaktereigenschaften als etwa die Partnerschaftspflege daheim oder die innere Ruhe und Selbstbewusstheit, in die man sich zurückziehen kann.‹ [...] Die diversen Persönlichkeiten, passend zur Situation, sofort wechseln zu können, sei eine sich stetig verfeinernde Kunst der sozialen und emotionalen Intelligenz.«[15]

Klingt, obwohl realistisch und zeitgemäß formuliert, auch nicht wie eine probate Lösung des Problems, sondern eher wie dessen Fortsetzung. Es bleibt das angestrengt Absichtsvolle, intensiv Intendierte. Darin steckt erst recht die Forderung, etwas aus sich zu machen, in diesem Fall eben eine multiple Persönlichkeit. Doch selbst wenn die Aufspaltung gelingt, bleibt man als virtuell schizophrene Person immer noch ein Ich. Und das kann einem irgendwann zu viel werden – dann wäre man statt vielfach Ich zu sein lieber einfach anders.

---

15 Helmut Krausser: UC. Reinbek bei Hamburg: Rowohlt 2003, S. 113.

Aber vielleicht ist dazu weniger die innere Bereitschaft nötig als vielmehr eine äußere, symbolische Tat. Eine Möglichkeit dazu habe ich in Erich Maria Remarques Roman *Die Nacht von Lissabon* gefunden: »Man hat mir erzählt, dass es in Indonesien Sitte sei, ab und zu den Namen zu wechseln. Wenn jemand seiner Persönlichkeit müde wird, wechselt er sie, ergreift einen neuen Namen und beginnt ein neues Dasein. Eine gute Idee!«[16]

Ja, eine gute Idee, die hierzulande aber nicht üblich ist. Mitunter legen sich Menschen zwar neue Vornamen zu oder wechseln durch Heirat ihren Familiennamen, aber Persönlichkeitswechsel sind damit nur selten verbunden – und auch nur selten erwünscht. Vermutlich muss der magische Hintergrund einer verwandlungsgewohnten Kultur vorhanden sein, um so einen Identitätswechsel komplett vollziehen zu können. Im Westen ist immerhin der so genannte Künstlername zulässig, unter dem eine neue, *per definitionem* »künstliche« Identität geschaffen werden kann. Im Internet ist solche »Maskierung« ja mittlerweile gang und gäbe. Man kann auch versuchen – wie Agenten und Heiratsschwindler –, ein Doppelleben zu führen oder sich wenigstens als kleiner habitueller Täuscher oder Lügner eine Doppelexistenz einzurichten. Mitunter, und das ist durchaus gesetzeskonform, schlüpfen Schauspieler in die Rollen der von ihnen dargestellten Personen so intensiv hinein, dass sie mit diesen fast identisch werden. Daniel Kehlmann hat in seinem Episodenroman *Ruhm* mit der Vorstellung, dass der Imitator eines Schauspielers dessen Leben übernimmt, ein fiktives Verwirrspiel getrieben. Und so lautet die Schlussbilanz des aus seiner Lebensrolle vertriebenen Schauspielers: »Manchmal schien es einem, als wäre man ein anderer.«[17]

---

16 Erich Maria Remarque: Die Nacht von Lissabon. Köln: Kiepenheuer & Witsch 2005, S. 84.
17 Daniel Kehlmann: Ruhm. Reinbek bei Hamburg: Rowohlt 2009, S. 93.

Um in all die zwischen Identität, Lebensrolle, Persönlichkeit und Selbstüberdruss gespannten Fallstricke erst gar nicht hineinzugeraten, empfiehlt es sich, diese Begriffe zu hinterfragen – und sie nicht allzu ernst zu nehmen. Dazu rät der polnisch-französische Maler Balthus: »Ich kann diese verrückte Suche nach der eigenen Persönlichkeit nicht begreifen, nach der so genannten eigenen Identität, die gegenwärtig so viele Menschen umtreibt! Es ist die Sucht, sich seiner eigenen Besonderheit zu vergewissern, seine Persönlichkeit um jeden Preis herauszustellen. So ein Blödsinn! Die Persönlichkeit wirkt wie ein Spiegel und hindert einen daran, sich dem Wesentlichen anzunähern, dem Universellen.«[18]

Allerdings streicht auch ein so exzentrischer Künstler wie Balthus (ein Künstlername: der Mann hieß Balthazar Klossowski de Rola) seine Persönlichkeit in der Kunst hervor. Sie ist sein unverwechselbares (Spiegel-)Bild. Und selbst wenn der Künstler die Vorstellung kultiviert haben sollte, dass das »Universelle« ihm den Pinsel geführt habe, wäre es wohl auch für ihn nur schwer vorstellbar, dass seine Gemälde nicht mit seinem Namen signiert würden, sondern etwa mit »Spiegel des Universellen« …

Selbstvergessenheit ist zwar ein probates Mittel gegen Selbstüberschätzung und -forderung, allerdings muss so etwas wie ein Selbst oder Ich erst einmal entwickelt werden, bevor es zeitweise vergessen oder überwunden werden kann. Denn ganz ohne Ich geht es eben auch nicht. So ein Ich mag sich zwar oft allzu wichtig nehmen, aber es ist eine unverzichtbare Instanz zur Unterscheidung von Selbst- und Fremdwahrnehmung. Es gibt Zustände, wie Träumen, Halluzinieren oder Versenken in tiefer Meditation, in denen sich die scheinbar feste Konstruktion des Ich auflöst und anderen Formen von Wahrnehmung Platz

---

18 SZ-Magazin, 03.03.2000.

macht. Aber letztlich kehrt man doch immer wieder zum Ego zurück. Das dürfte von der Evolution so vorgesehen sein (sofern sie überhaupt etwas vorsieht und sich nicht richtungs- und ziellos entwickelt). Das sieht auch der Bewusstseinsforscher Guy Claxton so: »Nicht das Ich als solches ist das Problem, sondern der Status, den es im Gesamtschema des Gehirngeistes erhalten hat. Es ist ein lebenswichtiger Diener der Evolution, der [...] größenwahnsinnig geworden ist und das Funktionieren des Gehirn-Geistes als Ganzes usurpiert hat. Um die Situation wieder in Ordnung zu bringen, ist es daher nicht notwendig [...], den Thronräuber ganz vom Hof des Gehirns zu verbannen; er muss nur auf den ihm gebührenden Platz verwiesen werden.«[19]

Welcher Platz das ist oder sein soll, bleibt freilich im mentalen Dunkel verborgen. Und wer ist derjenige, welcher verbannt und verweist? Mit solchen Fragen gerät man rasch in den Strudel endloser Spekulationen und begrifflicher Spitzfindigkeiten. Genauso wie mit den inneren Widersprüchen des heilsamen Selbstvergessens. Denn stärkt jenes nicht erst recht wieder das Selbst? Und wird von den zahllosen Angeboten der Wellness- und New-Age-Bewegung, wie der Essayist Michael Rutschky vermutet, das narzisstisch überreizte Ich nicht noch mehr überreizt? »Soll das vom ozeanischen Gefühl erfrischte Ich nicht auch im Kampf gegen die Ansprüche der anderen leichter seine Chancen wahrnehmen können? Wer im Atem zur Quelle seiner Erfahrungen zurückkehrt, wäre denen, die nicht dorthin können oder wollen, schließlich um einiges voraus. Selbstaufgabe als Steigerung des Selbstgefühls. Verlieren, um zu gewinnen?«[20]

Ich gebe zu, dass einem von solchen Fragen, die ob ihrer angedeuteten Kritik immer auch zur Selbstgerechtigkeit tendieren, rasch der Schädel brummt und man leicht Schwindelgefühle,

---

19 Guy Claxton: Die Macht der Selbsttäuschung. Übersetzt von Stephan Schuhmacher. München: Piper 1997, S. 319.
20 Merkur« 127/Februar 1993.

wenn nicht Schlimmeres bekommt. Um beim Nachdenken über Selbstaufgabe nicht meiner selbst überdrüssig zu werden, verlasse ich nun diese Diskurse und entscheide mich für eine der vielen Destinationen, die Urlaube vom Ich anbieten. Ich werde wohl beim Fernsehen landen, weil es hier – wie in vielen Fällen – das Naheliegendste ist. Nirgendwo erlischt mein Selbst so rasch und nachhaltig wie in diesem »Nullmedium« (H. M. Enzensberger). Gerade dort kann einem das Problem dann allerdings erst recht wieder begegnen, wie etwa dem Wiener Autor und Essayisten Franz Schuh, der laut Eigenauskunft »schon lange über den Begriff des ›Ich‹« nachdenkt: »Na ja, und dann dreh' ich den Fernseher auf, und Lisa Simpson sagt plötzlich: ›Ich selbst sein hat nicht funktioniert, und jemand anders sein hat auch nicht funktioniert.‹«[21]

Bündiger lässt sich das Grunddilemma der modernen Existenz nicht formulieren. Aber schließlich sind die »Simpsons« ja auch die wahrhaftigsten Philosophen der Gegenwart.

---

21 Franz Schuh: Memoiren. Ein Interview gegen mich selbst. Wien: Zsolnay 2008, S. 14.

SPREZZATURA UND PIZZICATO

Über die erträgliche Leichtigkeit des Seins

»Mir war taumelnd leicht, obgleich ich mir zu sagen versuchte, dass kein anständiger Mensch so handeln dürfe.«
(Robert Musil)[1]

Es darf leicht sein heißt ein Seminar, das die Wiener Psychotherapeutin Christl Lieben anbietet. Sie geht dabei – aus Erfahrung – davon aus, dass wir dazu neigen, »uns das Leben schwerer zu machen als notwendig – ferngesteuert von familiären, gesellschaftlichen und religiösen Glaubenssätzen, die, bewusst oder unbewusst, ihr Unwesen in uns treiben und uns den klaren Blick für die Situation verstellen. Sie sind die Wächter unseres Unglücklichseins.«[2] Dabei geht es Lieben – welch schöner Name für eine Therapeutin – nicht darum, »die Tatsache zu verleugnen, dass das Leben auch schwer sein kann. Es geht darum, in jeder und daher auch der schwierigsten Situation einen Weg zu finden, der sich im Verhältnis zur Situation leicht anfühlt.« Lieben vertraut dem intuitiven Wissen, »dass es in uns allen eine Kraft gibt, die uns aus der Tiefe trägt. Ihr können wir uns anvertrauen.«[3]

---

1 Robert Musil: Die Amsel. In. Ders.: Nachlass zu Lebzeiten. Reinbek bei Hamburg: Rowohlt 1962, S. 140.
2 Zitate und weitere Infos siehe: www.christl-lieben.com.
3 Ebenda.

Die Therapeutin fand selbst auf sehr kraftvoll-leichte Art zu ihrem Beruf, indem sie als gelernte Goldschmiedin zur »Seelenkunde« überwechselte, nachdem Menschen, die bei ihr Schmuck kauften, ihr immer auch ihr Herz ausschütteten. »Da habe ich mir gedacht, das gefällt mir besser, und es ist auch einfacher – ich brauche keine Maschinen und muss nicht zum Fasser und kein Gold kaufen gehen, sondern kann das überall machen.«[4]

Dieser berufliche Lebensweg gefällt mir, so wie mir auch das Seminar gefallen hat, das ich einst bei Frau Lieben absolviert habe und das ihrem (und auch meinem) Anspruch voll gerecht wurde. Es war eine sehr leichte Veranstaltung, mit durchaus schwerwiegenden Folgen. Man konnte sich dabei, mit verschiedenen Methoden der Vergegenwärtigung, seiner eigenen Glaubenssätze, die einem das Leben erschweren, bewusst werden – und Möglichkeiten entdecken, es sich zukünftig leichter zu machen. Das muss nicht funktionieren, aber es kann – und es darf.

Da keimt vermutlich sogleich der Verdacht auf, dass es sich hier um nichts Dauerhaftes handeln kann, und schon gar nicht um etwas Ernsthaftes. Ernst hat schwer zu sein. Auch ein Glaubenssatz. Leicht bedeutet allerdings nicht leichtfertig. Leichtigkeit ist ein Grundgefühl, das seine Beziehung zur Schwere nicht leugnet, da es stets an sie gebunden bleibt; Leichtigkeit kann sich nur im Kontrast zur Schwere definieren – und von ihr abheben. Eine völlig abgehobene Leichtigkeit, durch welche nicht mehr als Gegenpol die Schwere durchschimmert, fühlt sich unnatürlich und leer an, substanz- und kraftlos. Nirgendwo zeigt sich das deutlicher als in der Kunst, wo gelungene Leichtigkeit fast immer existenzieller Schwere abgetrotzt ist, welche sie als ihrer dunklen Quelle bedarf. »Auflichtungsdramaturgie« hat Peter Rühmkorf das Prinzip seines lyrischen Schaffens genannt,

---

4 Wiener Zeitung, 19.02.1999.

»Trübsinn in Erheiterungsgegenstände verwandeln«. Er folgt damit der Maxime aller Tragikomiker: »*sprezzatura*«, das Schwere leicht machen.⁵ Der Begriff geht auf Baldassare Castiglioni und sein Buch *Der Hofmann. Lebensart in der Renaissance* aus dem 16. Jahrhundert zurück und wird darin als jene Fähigkeit beschrieben, auch anstrengende Taten leicht und mühelos erscheinen zu lassen. Etwas, das Peter Rühmkorf mit seinen Gedichten genauso exemplarisch gelang wie etwa Robert Gernhardt oder Ernst Jandl.

In der Prosa, wo mir vor allem Proust und Nabokov einfallen, die Eindrücke von Tiefe und Schwere in wunderbar lichte und leichte Sprachkunstwerke verwandelten, hat einer von den Nachfahren der beiden, der Amerikaner John Updike, diese Metamorphose anhand seiner eigenen Person beschrieben: »Schreiben ist [...] das einzige mir verbliebene Laster. Es ist [...] eine Möglichkeit, das Unerträgliche leicht und heiter darzustellen. [...] Im Morgenlicht kann man zügig, ohne die geringste Beschleunigung des Pulses, über das schreiben, worüber man im Dunkeln nicht nachdenken kann, ohne in Panik Zuflucht bei Gott zu suchen. [...] Sogar die einfachsten irdischen Tatsachen sind unerträglich schwer, befrachtet mit unserem persönlichen Tod. Schreiben kommt, indem es die Welt leicht macht – sie in eine Ordnung bringt, zurechtbiegt, schönt, in Worte fasst –, einer Blasphemie nahe.«⁶

In einem Nachruf auf den im Frühjahr 2009 verstorbenen Romancier hat Patrick Bahners nochmals auf Updikes »eisernes Beharren auf dem Ideal der Leichtigkeit« hingewiesen und in der Geläufigkeit seines immensen Schaffens »etwas Mozarteisches« entdeckt. Die Verwandtschaft mit dem Virtuosen musikalischer Leichtigkeit (doch auch diese war bekanntlich schweren Lebens-

---

5   Die Zeit, 21.10.2004.

6   John Updike: Selbst-Bewusstsein. Deutsch von Maria Carlsson. Reinbek bei Hamburg: Rowohlt 1990, S. 292f.

umständen abgetrotzt) ist durchaus stimmig, da Updike selbst
– in einem Vorwort zu den Schriften des Theologen Karl Barth
über Mozart – auf die »*sprezzatura*« des Komponisten verwiesen
hat. Als das eigentliche, vitale Wesen von Mozarts Kunst hat
Barth »das Spiel bestimmt, eine Leichtigkeit, die nach immer
größerer Verfeinerung strebe, aber den Hörer nie mit der Erinnerung an die Anstrengung der schöpferischen Arbeit belaste«.[7]

Nach so viel imponierend großmeisterlicher Leichtigkeit, zu
der man – wenn man Goethe und Thomas Mann als allzu gewichtige Kaliber im Ringen um künstlerische Leichtigkeit einmal beiseite lässt – durchaus auch die Werke des literarischen
Biografen Mozarts, Wolfgang Hildesheimer, zählen darf, tut
vielleicht der Sprung in ein naturgemäß unbeschwertes Genre
gut – in die Filmkomödie. Sie ist ihrer »künstlichen Natur«
nach zur Leichtigkeit verpflichtet, welche von purem Schwachsinn bis zu virtuosem Tiefsinn reicht, wobei der Unterschied
nicht immer leicht zu erkennen ist. Woody Allen etwa spielt
mit der Differenz zwischen Schwach- und Tiefsinn und bezieht
seine groteske Komik aus dem mitunter jähen Umkippen vom
einen ins andere. Das ist große Kunst – und ein ebensolches
Vergnügen wie auch die anspielungsreichen, spritzig-leichten
Filmkomödien aus den Dreißiger- und Vierzigerjahren, die so
genannten »Screwball Comedies«, in Szene gesetzt von Regisseuren wie Ernst Lubitsch, Preston Sturges, Howard Hawks und
später Billy Wilder. Im Film »*Easy Living*« (1937), nach einem
Drehbuch von Preston Sturges unter der Regie von Mitchell
Leisen entstanden, kommt das für dieses Genre typische Grundgefühl von Leichtigkeit, gepaart mit Tempo, Witz und Drive,
schon im Titel zum Ausdruck. Die »Easyness« ist aber auch ein
»unmittelbarer Reflex auf die Depression und das horrende Gefälle von armen Reichen und normalen Armen« zur damaligen

---

7   FAZ, 29.01.2009.

Zeit.⁸ Die leichtesten und flottesten Komödien entstanden in einer schweren Lebensperiode – ein weiterer Hinweis auf die dialektische Verschränkung von Schwere und Leichtigkeit und ihre gegenseitige Durchdringung.

Dass das – zumindest im Filmschaffen – aber kein Naturgesetz ist, dass also wundervoll leichte Komödien nicht nur in Depressionsjahren und Kriegszeiten, sondern auch in friedfertigen, ökonomisch besseren Tagen entstehen können, zeigten etwa die Filme (und Songs) des so genannten »Rat Pack« in den frühen Sechzigerjahren, dem legendären Männerbund rund um Frank Sinatra, Dean Martin und Sammy Davis Jr. (Eine Zeit lang waren auch noch Peter Lawford und Joey Bishop mit von der Partie.) Diese Prototypen einer bis heute anhaltenden und nachwirkenden Kultur der guten Laune und des gehobenen Leichtsinns waren selbst keineswegs deprimiert oder schwermütig. Bei ihnen erwuchs die künstlerische Leichtigkeit aus einem grundsätzlich leichten und glücklichen Lebensgefühl. Vor allem Sinatra und Martin waren von jeglicher Tragik unbeschwert: »Zwei Männer, die eigentlich nichts erlebt hatten, nichts jedenfalls, was tiefe Kerben im Gesicht und im Bewusstsein hinterlassen hätte, zwei Männer, die den Ernst des Lebens immer verpasst hatten und die Welt bloß durch den Filter der populären Kultur wahrgenommen hatten, zwei Männer, die en passant vorführten, dass man von traurigen Songs und tragischen Filmen nicht halb so schnell altert, wie wenn man den Schrecken und die Trauer unmittelbar erfährt. Es ging ihnen also damals schon so, wie es heute den allermeisten geht.«⁹

Das ist wohl auch der Grund dafür, dass die Filme und Lieder dieser beiden Ewigjungen auch heute noch so viel Anklang finden und jedem, der sie sieht oder hört, ein prickelndes Gefühl

---

8 Harry Tomicek in: Programmheft des Österreichischen Filmmuseums, Dezember 2008.
9 Claudius Seidl: Schöne junge Welt. München: Goldmann 2005, S. 77f.

von Leichtigkeit verleihen. Ihre Nonchalance und Abgebrühtheit, Sinatras Charme und Martins Coolness, lassen das Leben – zumindest für ein paar schöne, lange Augenblicke – wie eine endlose Dauerparty erscheinen, die es für die zwei Showstars tatsächlich war: »Ein paar Jungs ohne feste Bindungen, die sich vergnügten und viel feierten, Partynächte, Flirtnächte, Whiskynächte – was man eben so tut, wenn man in Las Vegas ist und Erfolg hat und Geld genug, um sich das alles leisten zu können.«[10]

Peter Alexander und Gunter Philipp waren – wenn auch in spießigerer Ausfertigung – die deutschsprachigen Pendants zu Sinatra und Martin: Meister des Froh- und mitunter auch Flachsinns, die über Jahrzehnte hinweg ebenfalls ein Millionenpublikum erreichten. Der erfolgreiche deutsche Fernsehproduzent Wolfgang Rademann (*Traumschiff*, *Schwarzwaldklinik* etc.), von der *Zeit* als »Meister des Leichten« tituliert, hat die Vorbildwirkung der amerikanischen Idole für das deutschsprachige Fernsehen bestätigt: »Nur weil ich Dean Martin und seine Show gesehen hatte, gab es die *Peter Alexander Show*. [...] Die Amerikaner haben ein anderes Unterhaltungsverständnis als wir. Habe ich mich amüsiert, gelacht, geweint, mich gut unterhalten, war es spannend? Das sind ihre Kriterien. Daran habe ich mich immer orientiert.« Und auch die Beurteilung der jeweiligen Superstars ist verschieden, damals wie heute: »Frank Sinatra war in den USA immer der große Held, er wurde vergöttert. Einer wie Peter Alexander war in Deutschland und Österreich extrem erfolgreich, aber in großen Teilen der Presse wurde über ihn eher gespottet als den Mann der leichten Muse.«[11] Das hat sich in der Zwischenzeit geändert. Seitdem sich Peter Alexander aus der Öffentlichkeit komplett zurückgezogen hat und sein Nachruhm

---

10 Seidl 2005, S. 75.
11 Wolfgang Rademann in: Die Zeit, 19.03.2008.

ihn bereits zu Lebzeiten zur Legende gemacht hat, halten ihn nun selbst die Spötter von einst für einen großartigen Entertainer. (Der Hinweis auf seine jazzigen Improvisationskünste am Klavier, die er gelegentlich demonstrierte, fehlt dabei selten. So adelt ihn also bei seinen Kritikern im Nachhinein vor allem das, was er in seinen Shows nie zeigen durfte, weil es angeblich nicht zu seinem Image passte.)

Die leichte Muse hat es schwer. Nicht beim breiten Publikum, das ihr bereitwillig fast überallhin folgt, aber bei der Kulturkritik. Ihr gelten Schlager, Tanzmusik und Operetten bis heute als minderwertige Unterhaltungsware, als illusionäre und sentimentale Rührstücke, die den »Verblendungszusammenhang« verstärken, wie das früher, im Jargon der Kritischen Theorie, großspurig hieß. Auch wenn ich diese elitäre Kritik für überholt halte, tue ich mir mit einer Generalabsolution für die leichte Muse trotzdem schwer. Sie ist, von manchen Ausnahmen abgesehen (und Peter Alexander halte ich für eine solche), meistens eben doch ein qualitativ bescheidenes Genre. Ihre angebliche Leichtigkeit schlägt sich einem manchmal recht schwer auf den Magen. Dabei halte ich die leichte Muse oft gar nicht für leicht. Sie entspricht nicht meinem Begriff von Leichtigkeit, den ich so genau gar nicht definieren könnte, trotzdem erkenne ich instinktiv, wenn sich eine Darbietung, welcher Art auch immer, mit ihm deckt. Es gibt auch eine vorgetäuschte Leichtigkeit, der man die Anstrengung, die hinter ihr steckt, oft allzu deutlich anmerkt. In manchen launigen Auswüchsen der Schlager- und Volksmusik ist das so, weil sie sich die gute Laune nur anschminken. Diese »Kunst« erwächst nicht aus einer existenziellen Schwere, die sie aufheitern würde, sondern sie führt unfreiwillig erst dorthin. Sie ist, anders als Rühmkorfs Gedichte, eben keine Auflichtungs-, sondern eine Verdunkelungsdramaturgie. Sie vertreibt keine Depressionen, sondern befördert welche.

Wenn nicht beim Publikum, dann zumindest bei ihren Protagonisten. Roy Black und Rex Gildo konnten wahrlich mehr als nur ein trauriges Lied davon singen.

Bei Operetten kenne ich mich zu wenig aus, um sie und ihren Anspruch auf Leichtigkeit seriös beurteilen zu können. Aber diesbezüglich kann man dem renommierten Literaturwissenschafter Volker Klotz Glauben schenken, der in dieser Kunstform neben allem reichlich vorhandenen Schmus auch ein unterschätztes Potenzial von Witz, Renitenz und sogar Sozialkritik schlummern sieht.[12]

Eine wahrhaft leichte Muse und zugleich eine hohe Kunst ist für mich fast jegliche Form von Walzer- und Polkamusik, von den diversen Sträußen und Lanner und ihren klassischen Neujahrskonzertschlagern, wie etwa der schwungvollen Pizzicato-Polka, bis hin zu manch schrägeren Märschen aus hinteren Alpentälern. Und erst recht liebe ich das Wienerlied in all seinen klassischen und auch neuen, »extremen« Schrammelformen und das erotisch tirilierende »Dudeln«, eine Wiener Abart des Jodelns, wie es die 2009 verstorbene Altmeisterin Trude Mally oder die junge Virtuosin Agnes Palmisano so wunderbar beherrsch(t)en. Im Wienerlied sind das Schwere und das Leichte auf fast herzzerreißende Art miteinander verbunden. Das eine kann ohne das andere gar nicht existieren. Tiefe Verzweiflung und hohe Lebenslust tanzen nicht nur im Dreivierteltakt miteinander, sondern umarmen einander – zumindest im dazu passenden Klischee, das man in Wien gefahrlos für bare Münze nehmen kann – selig zu Tode. Wenn die Schwere des Lebens solcherart beschwingt besungen wird, wird einem zwangsläufig leicht ums Herz. Und was will man von einem »Auflichtungsmedium« wie der Musik mehr verlangen.

---

12 Volker Klotz: Operette. Kassel: Bärenreiter 2004.

In der hier angeschlagenen Manier könnte ich nun eine (Kunst-)Gattung nach der anderen auf die Waage legen – und ihr je spezifisches (Leicht-)Gewicht ermitteln. Doch die bereits reichlich vorgenommene kursorische Aufzählung von Beispielen soll hier genügen. Es wäre wiederum Thema für ein ganzes Buch, etwa einer Kulturgeschichte der Leichtigkeit, wollte man das Phänomen in all seinen Erscheinungsweisen – und Gewichtsklassen – ausführlich und umfassend beleuchten, analysieren und abwägen.

Ich ziehe mich lieber abschließend auf die einfachste aller Übungen zurück, welche eine grundsätzliche Leichtigkeit befördern. Es ist »die Kraft des inneren Lächelns«, wie ich sie aus dem »Tao Yoga« nach Mantak Chia kenne.[13] Man lächelt dabei einfach still in sich hinein. Das kann nie schaden. Und manchmal lächelt es von dort zurück.

---

13 Mantak Chia: Tao Yoga des Heilens. Interlaken: Ansata 1991.

»YOU CAN'T BEAT TWO GUITARS, BASS AND A DRUM«

Warum man von der Droge Popmusik nicht mehr loskommt

»Wir alle werden durch Popmusik schlauer!«
(Neil Tennant, Pet Shop Boys)[1]

Einer Pressemeldung im Jahr 2009 entnahm ich, dass pöbelnde Jugendliche in einem Einkaufszentrum im neuseeländischen Christchurch mit Songs von Barry Manilow ruhig gestellt werden sollen. Dahinter steht offenbar die Hoffnung, dass die schmuseweichen Lieder des amerikanischen Sängers jene jungen Krawallmacher, die in der Shoppingmall Müll verteilen, Graffiti sprühen und Drogen konsumieren, so sanftmütig stimmen, dass sie von ihrem Verhalten ablassen. Oder zumindest, was wahrscheinlicher ist, das Weite suchen.

Oh Mandy!

Das ist denn doch eine erstaunliche Umkehr der Verhältnisse. Früher wurden Jugendliche mit Popmusik rebellisch gestimmt, jetzt werden sie damit ruhig gestellt. Die Musik von Barry Manilow ist zwar nur in einem sehr weit gefassten Sinne Pop zuzurechnen, aber irgendwie halt doch. Death-Metal-Klänge hätten vermutlich eine andere Wirkung erzielt, die Jugendlichen eher zu weiterem Randalieren ermutigt und dafür die Passanten vertrieben. Trotzdem bleibt das Experiment von Christchurch

---

1   spex 319, 3–4/2009.

eine bemerkenswerte Aktion, die zeigt, wozu Musik heutzutage alles eingesetzt wird – und wie sehr sie menschliches Verhalten beeinflusst.

Auch Österreichs Skispringer, so habe ich in einem Fernsehbeitrag erfahren, werden mit Popmusik auf ihre sportlichen Einsätze vorbereitet. Entspannt liegen sie am Meeresstrand, Stöpseln im Ohr, und lassen sich musikalisch in einen ausgeglichenen Zustand versetzen, der ihnen später im Winter, auf den diversen Sprungschanzen, jene Gelassenheit verleihen soll, die sie für ihre Flugabenteuer benötigen. Allerdings ist es nicht nur Musik, was diesen Effekt herbeiführt, sondern auch speziell modulierte, auf Erkenntnissen des Lerntherapeuten Ulrich Conrady basierende Schallwellen, mittels derer die Motorik sowie die mentale und körperliche Leistungsfähigkeit verbessert werden können.

Unsereinem reicht die Musik: Sie alleine lässt uns abheben – auch ohne Ski. Schon segelt man dahin. Ich zumindest segle. Das ist der Hauptgrund, warum ich seit über 30 Jahren regelmäßig Pop- und Rockmusik höre – und zwar in hoher Dosis. Ich weiß zwar nicht, ob meine mentale und körperliche Leistungsfähigkeit dadurch verbessert wird, aber meine Stimmung hebt es jedenfalls ungemein. Für mich ist Popmusik eine Droge. Und die Abhängigkeit davon lässt auch im Alter nicht nach – ganz im Gegenteil, denn »wie bei jeder schwerwiegenden Abhängigkeit wird das Verlangen nach Popmusik durch deren Konsumierung nicht befriedigt, sondern nur gesteigert.«[2] Ich brauche daher heute eher mehr »Stoff« als früher. Dank Walkman und nunmehr iPod ist auch die Verfügbarkeit von Musik leichter geworden, ich hänge also öfters am »Tropf«. Und bin mit solchem Verhalten keine Ausnahme in meiner Generation.

Für die allermeisten, die mit Pop und Rock sozialisiert wurden, und das sind praktisch alle Jahrgänge ab 1955, ist diese

---

2 Uwe Schütte: Basis Diskothek Rock und Pop. Stuttgart: Reclam 2008, S. 207.

Musik mehr oder weniger lebensbestimmend geblieben. Für manche eher aus nostalgischen Gründen – sie hängen solcherart ihrer Jugend nach –, für andere schafft es die Möglichkeit, gegenwartsbezogen zu bleiben und sich auf der Höhe der Zeit zu fühlen.

Gegen Nostalgie habe ich grundsätzlich nichts einzuwenden, obliege ihr selbst gerne, aber gerade bei Popmusik finde ich es schade, wenn man ausschließlich in ihrer Vergangenheit verweilt. Es gibt Jahr für Jahr tolle neue Bands und Interpreten, so dass einem viel entgeht, wenn man nicht mehr regelmäßig Neues hört. Deshalb habe ich es mir seit ein paar Jahren zur quasi pädagogischen Aufgabe gemacht, Interessierte, die den Anschluss verpasst haben, mittels ausgewählter Songkollektionen an den Hauptstrom heutigen Musikschaffens heranzuführen. Die meisten, die irgendwo und irgendwann zwischen Stones und Sting verloren gingen, sind dankbar, wenn sie Zugang zur aktuellen Popszene finden. Und sind oft erstaunt, wie wenig sich verändert hat. Denn Popmusik ist ja, entgegen mancher der ihr oktroyierten Ideologien, kein ästhetisches Instrument des Fortschritts, sondern sie ähnelt eher »einem Ritual, das zyklisch wiederkehrt, mit Parallelen in Karneval und Sport. [...] Auf Stilbewusstsein und Spielfreude kommt es an. ›You can't beat two guitars, bass and a drum‹ – so hat es Lou Reed einmal ausgedrückt.«[3]

Daher klingt älteren Ohren vieles Heutige seltsam vertraut, wie der Journalist Claudius Seidl feststellt: »Die Band Franz Ferdinand war wohl auch deshalb so erfolgreich, weil sie in vierzigjährigen Ohren so klang, als ob man diese Musik schon seit zwanzig Jahren kenne.«[4] Und diese Schotten sind bei Weitem nicht die Einzigen, die auf einen Wiedererkennungseffekt setzen, der mit dem abschätzigen Etikett »retro« völlig unzutreffend

---

3 Thomas Gross in: Die Zeit, 23.10.2003.
4 Claudius Seidl: Schöne junge Welt. München: Goldmann 2005, S. 179.

bezeichnet ist, da Popmusik immer mehr oder weniger retro ist. Deswegen klingt heute noch vieles wie Stones oder Beatles. Aber eben nicht nur; es gibt auch andere Genealogien und Entwicklungen, etwa in der schwarzen Musik.

Tatsache ist aber auch, dass Vierzigjährige heutzutage in der Popmusik den Ton angeben, weniger als Künstler denn als Konsumenten. Der durchschnittliche Käufer von Pop-CDs ist mittlerweile, sofern er überhaupt noch welche kauft und sie nicht im Internet herunterlädt, in dieser Alterskategorie angekommen. Das hat auch demografische Gründe, denn das sind die starken Geburtsjahrgänge der Sechzigerjahre. Der Geschmack dieser Generation bestimmt die heutige Massenkultur. Die Jüngeren sind in subkulturelle Internetforen und popmusikalische Nischen abgewandert und laufen eher am Rande mit (oder unspektakulär dagegen an). Daher finde ich bei Unterdreißigjährigen wesentlich seltener profunde Popkundige als bei Übervierzigjährigen. Denn weit erstaunlicher als der Umstand, wie viele Ältere sich im heutigen Popgeschäft nicht auskennen, ist ja die Tatsache, wie viele sich darin sehr gut auskennen! Ich beziehe fast alle meine Informationen zumeist von Gleichaltrigen. Ein dreifacher Familienvater, Verkäufer bei einer Fotokette, versorgt mich seit vielen Jahren mit den besten Tipps, was die Neuigkeiten in der Singer/Songwriter-Szene betrifft. Und so habe ich für fast jede Szene und jedes Genre einen Kundigen, der mir auf die Sprünge hilft. Und wenn ich ihn oder sie nicht persönlich kenne, müssen eben professionelle »Auskenner« herhalten, Journalisten oder Popautoren, doch auch die sind in der Mehrzahl schon im fortgeschrittenen Alter. (Das ist vielleicht der einzige bemerkenswerte Fortschritt innerhalb der Popmusik.) Auch die Poppresse ist heute weitgehend in der Hand von Vierzigjährigen. Vor allem in England, »wo man die Popkultur seit jeher ernster nimmt, hat sich die Musikindustrie schon umgestellt auf die älter gewordenen Käufer; dort gibt es [...] Popzeitschriften, welche sich explizit an ein Publikum richten, das vielleicht Taschengeld zahlt, aber schon sehr lange keines mehr bekommt.«[5] *Uncut* oder *Mojo* heißen diese Journale und gehören auch zu meinem Informationsstandardrepertoire in Bezug auf Pop und Rock.

Das Erwachsenwerden der gesamten Popbranche und ihrer Propagandisten hat zur Folge, dass auch der Diskurs »reifer« wird. Das führt zwar mitunter zu ödem Popakademismus, aber immer öfter zu einer auf alle juvenil-merkantilen Imponierjargons verzichtenden Berichterstattung, die sich ihrem Gegenstand auf kritisch-informative Weise nähert. Und das ist für die heutige Popkritik eine durchaus angemessene Annäherungsweise, wie nicht nur ich finde. »In ihrer postheroischen, postavangardistischen Phase weiß sie es nicht besser als das informierte Publikum, [...] indem sie auf Gesten der Souveränität verzichtet und sich ihrem Gegenstand mit Geduld und Kenntnis nähert; indem sie ihr Fasziniertsein in einer Sprache ausdrückt, die auf Preisungsfloskeln und Anbiederungen verzichtet; indem sie [...] nicht vom Hochsitz aus formuliert. Die neue, vorläufig letzte Rolle des Kritikers bestünde demzufolge in einer Geschmacksbildung auf Augenhöhe.«[6]

Die Rolle, die der Musikkritiker der *Zeit* dem Popjournalismus vorschlägt, ist mir sympathisch – und wenn ich mich dann und wann selbst popkritisch äußere, versuche ich ihr zu entsprechen. Allerdings ist es gar nicht so einfach, auf »Gesten der Souveränität« zu verzichten, da im vermeintlichen Wissen über Popmusik ein soziales Distinktionspotenzial liegt, das einen leichtfertig und rasch zu einer gewissen Überheblichkeit verführen kann. Eben gerade deswegen, weil kulturelle Kritik (bei Literatur- oder Filmkritik ist es nicht wesentlich anders als bei Popkritik) auf argumentativ wackeligen Beinen steht, tritt

---

5 Seidl 2005, 179f.
6 Thomas Gross in: Die Zeit, 22.02.2007.

sie umso forscher auf – ein psychologisches Kompensationsphänomen.

Man möchte zeigen, dass man zu den »Eingeweihten« gehört, und demonstriert das gerne mit der Rigorosität eines Urteils, das sich ästhetisch wähnt, seine Entschiedenheit aber oft nur aus der sozialen Abgrenzung zu bestimmten anderen Kulturen bezieht, die man als »minderwertig« einzustufen gelernt hat. Das sind im Pop für viele Kritiker nach wie vor und hauptsächlich der »Kommerz« und der »Mainstream«. Daran soll und darf nicht angestreift werden, obwohl sie beide Pop im Wesenskern ausmachen und bestimmen. Wer wüsste das besser als Neil Tennant, ehemaliger Musikkritiker und seit 25 Jahren Teil des Duos Pet Shop Boys, einer der anerkanntesten Popbands unserer Tage: »Für mich ist der Massenmarkt ganz klar das interessanteste Spielfeld, da sich hier gesellschaftliche Veränderungen am sichtbarsten manifestieren. Sicherlich wurden früher viele Impulse von der Subkultur ausgesandt – doch die ist heute verschwunden. Es gibt heute keinen Underground mehr, sondern nur noch den Massenmarkt – und natürlich den gescheiterten Massenmarkt.«[7]

Es ist interessant zu beobachten, wie unter – besonders österreichischen – Popkritikern oft ein untergründiger Konsens hergestellt wird, was als »gut« und was als »schlecht« zu gelten hat. Man schielt aufeinander und bestätigt sich in Urteilen, denen letztlich eine gewisse Beliebigkeit anhaftet. Wobei Beliebtheit ja ein weiteres Ausschließungskriterium ist: Denn was (allzu) vielen gefällt, kann nicht gut sein. Dieser Snobismus kennzeichnet viele Popkritiker, sichert ihnen eine fragile Identität, die auf ihrer Abgehobenheit vom Massengeschmack beruht.

Mitunter kann freilich auch das spannend sein, denn der Umkehrschluss, immer nur das gut zu finden, was allen gefällt,

---

7   spex 319, 3–4/2009.

ist ja auch keine »Geschmacksbildung auf Augenhöhe«, sondern pure Affirmation, also Anbiederung von unten.

Bevor es allzu angepasst und langweilig wird, kann man an der lustvollen und mitunter kämpferischen Art der Auseinandersetzung, wie sie in popkritischen Zirkeln ausgetragen wird, durchaus Gefallen finden, wie etwa der Philosoph Konrad Paul Liessmann: »Wer einmal den apodiktischen Ton verfolgt hat, in dem in jugendlichen Musikkulturen etwa über gute und schlechte Musik geurteilt wird, erlebt einen Absolutismus des Geschmacksurteils, den man den aufgeklärten Diskursen über Pop- und Trivialkulturen einmal wünschen würde.«[8]

Ich wünsche mir solch rigiden Absolutismus eigentlich nicht. Mir erscheint der »postheroische« Verzicht auf jegliche Orthodoxie und stattdessen die Herausbildung eines entschiedenen, klaren Urteils, das seine eigene Relativität stets im Blick behält, als die bessere Haltung, obwohl sie, wie gesagt, oft nicht leicht durchzuhalten ist. Die Anlehnung an eine Szene und ihren spezifischen Jargon sowie das Hervorstreichen eigener Kenntnisse – was den obligaten Erfahrungsschatz altgedienter Poppioniere ausmacht – sind verführerische Momente, denen man sich nur schwer entziehen kann. Mittlerweile sind mir diese Rituale der Abgrenzung und die Insignien popkritischer Erwähltheit zwar ziemlich egal, mitunter ertappe ich mich aber doch dabei, wie ich gewisse Formulierungen »insiderisch« verklausuliere oder instinktiv davor zurückweiche, meine Sympathie zu gewissen, in der Popelite als »uncool« geltenden Bands, wie etwa Coldplay, Snow Patrol oder Razorlight, offen zuzugeben. Darin schlummert die Furcht vor Außenseiterstatus in bestimmten Kreisen. Idiotisch, es ist aber trotzdem so. Außerdem neige ich dazu, diese drei Bands, die ich sehr mag (Coldplay mit wechselnder Hin-

---

8 Konrad Paul Liessmann: Spähtrupp im Niemandsland. Wien: Zsolnay 2004, S. 206.

gabe), in meinem persönlichen Ranking höher einzustufen als etwa in einer veröffentlichten Jahresbestenliste, wo ich sie selten an vorderer Stelle platziere. Dabei zeigt sich (ob man es nun zugeben will oder nicht), dass es eben nicht nur um Musik geht, sondern auch um soziales *standing*. Ich teile mich also in einen privaten Hörer – und in einen öffentlichen Kritiker. Oftmals sind diese beiden Positionen miteinander identisch, manchmal aber nicht. Das ist nicht weiter schlimm, da es ja nicht darum gehen kann, dass ich meinen privaten Geschmack dem einer größeren Gruppe aufschwatze (wiewohl der narzisstische Didakt in mir das natürlich will); sondern ich soll ja nachvollziehbare Kriterien aufstellen, nach welchen ein Popalbum oder Konzert zu beurteilen ist. Doch so eine Trennung ist häufig analytisch, lässt sich in reiner Form gar nicht durchhalten. Denn man bleibt bei der Beschreibung bestimmter Hörerlebnisse und -eindrücke doch immer an die eigenen Empfindungen gebunden, kann davon gar nicht abstrahieren – und braucht es auch nicht. Lediglich die unhinterfragte Überführung von subjektiven Eindrücken in objektive Tatbestände (»[...] spielten ein mitreißendes Konzert«; »[...] lieferten einen öden Gig«; »[...] ein Album, das einen emotional aufrüttelt« etc.) erscheint mir – neben dem Hang zur Phraseologie – als eine bedenkliche Strategie; sie gilt im landläufigen Popjournalismus aber als lässliche Sünde und in manchen Magazinen sogar als besondere Tugend.

Es gab freilich Zeiten, da ging es in der Popmusik tatsächlich um mehr als nur um Musik. Popmusik war in ihren heroischen Zeiten ein soziales Bekenntnis – und somit ein politisches Statement. Ob das heute noch so ist – oder immer noch sein sollte –, ist umstritten. Für den deutschen Autor und Kabarettisten Frank Goosen ist Musik »nicht dazu da, die Welt zu retten. Musik ist dazu da, dir das Leben zu retten.« Dieses Motto hat er zwar vom britischen Autor Tony Parsons übernommen, aber es trifft seine eigene Überzeugung: »Für mich drückt es die eigentliche Aufgabe von Pop aus, und die besteht nicht darin, politisch zu sein. Wenn Bono ausschließlich gegen den Hunger in der Welt ansingen würde, wäre er unerträglich. Pop ist, wenn mir Bruce Springsteen dabei hilft, meinen [...] Liebeskummer zu überstehen.«[9]

Der Literaturwissenschafter und Popkritiker Uwe Schütte hält Pop, die eigentliche Volksmusik des 20. und 21. Jahrhunderts, weiterhin für politisch relevant. »Politisch relevant ist Pop auch ohne explizite Protestbotschaften, denn der Kernpunkt ist sein egalitäres Prinzip, also die vermittelnde Funktion der Herstellung von Zusammengehörigkeit. Nichts verbindet zwei Unbekannte so schnell wie ein gemeinsamer Musikgeschmack. Pop ermöglicht die Überwindung der Vereinzelung des Individuums und setzt weithin sichtbare kulturelle Zeichen ...«[10]

Mit dieser Definition einer sozial- und kulturpolitischen Funktion der Pop- und Rockmusik kann ich gut leben. Warum sollte man sie denn ernsthaft bezweifeln oder in Frage stellen? Pop verändert zweifellos ein bisschen mehr als nur die Laune des Hörers, hat mehr zu bieten als nur ein Trostpflaster bei Liebeskummer – auch wenn er in dieser therapeutischen Funktion ziemlich unschlagbar scheint. Aber der große Weltenumstürzer oder gar -verbesserer ist er eben auch nicht. Das hieße, dieser Kunstgattung eine Aufgabe zumuten, die sie – zum Glück – nicht erfüllen kann. Könnte sie es, wäre es wohl mit dem Spaß vorbei.

Der große Feind des Pop ist aber weder die Politik noch der Kommerz, sondern, wie Uwe Schütte schreibt, »die Stille. Diese ist dem Pophörer weniger gespenstisch als vielmehr zu-

---

9   Frank Goosen in: Die Zeit, 12.02.2009.
10 Schütte 2008, S. 208f.

tiefst suspekt. Stille ist die Absenz von Pop, sie verlangt danach, mit Musik gefüllt zu werden. [...] Vielleicht ist ›Tod‹ nur ein anderes Wort dafür, keine Popmusik mehr hören zu können.«[11]

Nahe am Tod und manchmal auch an der Stille sind die Klänge der exzessiven, ästhetisch beglaubigten und somit als authentisch gelten dürfenden Schmerz- und Melancholiepopkünstler, wie etwa Anthony, PJ Harvey, Cat Power oder neuerdings der Österreicherinnen Marilies Jagsch oder Anja Plaschg aka Soap & Skin. Den Schmerz an ihren dunklen Temperamenten zu dämpfen, ist, wie der Poptheoretiker Fritz Ostermayer diagnostiziert, ein mehr als ambivalentes Vergnügen: »Wir Hörer fallen dann in die ungute Rolle des Voyeurs, der sich echtes Leid als süßen Weltschmerz schönhören muss, um nicht als Komplize mitschuldig zu werden. Ein klassisches Dilemma melancholischer Popkultur: die eigenen Wunden von anderen lecken lassen und es sich in diesem perversen Akt auch noch gemütlich einrichten.«[12]

Da hören wir lieber unverdächtige Musik – warum nicht Barry Manilow? Oder jenen irischen Barden, für den Frank Goosen, der sein Faible für »uncoole« Musik in Büchern und Kabarettprogrammen gerne ironisiert, aus amourösen Gründen schwärmen musste: »Ich bin für eine sehr schöne Frau mal durch eine intensive Chris-de-Burgh-Phase gegangen.«[13]

Mein Freund J. ist durch ganz andere Phasen gegangen – und geht bis heute unverdrossen durch sie hindurch. Er, nun ein hochrangiger Funktionär in der Sozialversicherung, hat sich von allen meinen Musikfreunden den jugendlichsten Elan und die größte Begeisterungsfähigkeit erhalten. Dabei missachtet er fast alles, was ich zuvor als anzustrebende Tugenden für fortge-

11 Schütte 2008, S. 210.
12 Falter 9/2009.
13 Frank Goosen in: Die Zeit, 12.02.2009.

schrittene Pophörer bezeichnet habe. Er kümmert sich kaum um heutiges Musikschaffen, denn das ist ihm, wie er immer wieder behauptet, viel zu deprimierend. Er versinkt stattdessen viel lieber in den Idyllen seiner Jugend, in Kitsch und Schmalz. Und wenn er sich ausnahmsweise einmal an gegenwärtige Sounds näher herantastet, dann nur, falls diese so ähnlich klingen wie jene Stücke, die er schon kennt. Seine bedingungslose Hingabe an den schlechten Geschmack, die einer gewissen Selbstironie nicht entbehrt, ist ansteckend. Man verfällt schnell dem kindlichen Charme, mit dem er seine liebevoll gehorteten alten CDs hervorkramt und wie verführerische Spieldosen öffnet. Man ist selig eingelullt von den Soulschmachtfetzen, die er einem (nach Schließung aller Fluchtwege) serviert. Man versinkt in den Geigenteppichen, die er mit geduldiger Akribie ausrollt. Ich genieße das sehr und lasse mich bereitwillig zu jenem »easy listening« verführen, auf das in elitären Popkreisen bekanntlich die Todesstrafe steht. Es ist ein wunderbar subversiver Akt, sich dem Verfemten hinzugeben – noch dazu unter Führung eines standhaften Ignoranten und Unbekümmerten, dem alle diese Einteilungen und Geschmacksdiktate herzlich egal sind.

Darüber hinaus teilen wir beide eine schwärmerische Leidenschaft – und zelebrieren sie in gewissen Abständen in gemeinsamen Hör-Sessions: Wir lieben nämlich den amerikanischen Sänger David Gates, einen leicht angejazzten Country-Barden aus den Siebzigern, der uns vor knapp dreißig Jahren den Soundtrack zu einer kleinen Tiroler Idylle lieferte, die für uns bis heute mit seiner Stimme verbunden ist – und von dieser jederzeit auf wundersame Weise wiedererweckt wird.

»Perseveration« nennt es die Wahrnehmungspsychologie, wenn man gewisse musikalische Wendungen nicht mehr aus dem Kopf bekommt. Normalerweise hält so etwas nur einen Tag lang an (sodass man einen in der Früh gehörten Song den ganzen Tag über vor sich hin trällert); wir beide aber sind auf

Jahrzehnte hin perseveriert, bekommen den Gates-Sound nicht mehr aus der Seele. Er hat sich dort eingekapselt und verströmt, sanft angestupst, bei jeder sich bietenden Gelegenheit ein nostalgisches Aroma.

Sollten wir, J. und ich, was zwar unwahrscheinlich, aber nicht unmöglich ist, eines Tages Krawall schlagen oder auffällig renitent werden, müsste man keinen Barry Manilow abspielen, um uns zu beruhigen; ein Song von David Gates wäre viel zuverlässiger und effektiver – wir schmölzen sogleich dahin und würden wohl auf der Stelle lammfromm. Und auf unseren Gesichtern machte sich jenes leicht dümmliche Grinsen breit, das Männer in Verzückung zeigen. Nicht nur beim Hören von Musik.

GRUPPENBILD MIT KELLNER

Zur Anthropologie von Wiener Wahlbeziehungen

Der englische Anthropologe Robin Dunbar vertritt die Ansicht, dass die ersten menschlichen Gemeinschaften in Gruppen von 120 bis 150 Menschen zusammengelebt und gesiedelt hätten. Und er glaubt, dass auch in der modernen Welt rund 150 Mitglieder die richtige Anzahl für eine funktionsfähige menschliche Gemeinschaft seien.[1] Da wir aufgrund unserer fragmentierten sozialen Verhältnisse heutzutage in der Regel nicht mehr auf diese Gruppen- beziehungsweise Gemeinschaftsgröße kommen, suchen wir uns, meint Dunbar, virtuellen Ersatz – und staffieren unsere kleinen Privatwelten mit Prominenten aus. Das erklärt auch die große Beliebtheit von Fernsehserien, die uns über längere Zeiträume hinweg mit zusätzlichem Personal versorgen, das uns von Folge zu Folge vertrauter wird und allmählich Aufnahme in unsere televisionär erweiterte Großfamilie findet. Auch Nachrichtensprecher können diese Rolle spielen: »Sie werden zu einem Teil unseres Sozialgeflechts, halbwirkliche Freunde, die uns bekannt vorkommen – nicht nur, weil wir sie so oft sehen, sondern auch, weil sie uns beim Verlesen der Nachrichten als Einzelperson ansprechen.«[2]

Mir hat diese These sogleich eingeleuchtet – und ich kenne bis heute keine andere, die das weltweite Phänomen der Prominenz und Attraktivität von Fernsehstars derart einfach,

1 Robin Dunbar: Klatsch und Tratsch. Wie der Mensch zur Sprache fand. Aus dem Englischen von Sebastian Vogel. München: C. Bertelsmann 1998.
2 Dunbar 1998, S. 254.

schlüssig und plausibel erklärt. Denn ich empfinde Dunbars Deutung nicht nur als Theorie, sondern auch als gelebte Praxis, und die von mir eingemeindeten TV-Figuren tatsächlich als Familienmitglieder. So ist etwa »Inspektor Columbo« wohl der (dienst-)älteste Onkel, der mich seit vielen Jahren regelmäßig heimsucht (und die Wohnung mit Zigarrenrauch vollqualmt). »Monk«, sein liebenswert-neurotischer »Neffe«, gehört auch schon länger zum personellen Inventar – und »Dr. House« ordiniert zumindest einmal in der Woche als zynisch-vorlauter, aber kundiger Hausarzt in meinem Wohnzimmer. (Während ich die intriganten und chronisch promiskuitiven Mediziner aus *Emergency Room* und *Grey's Anatomy* nur sporadisch ins Haus lasse.) Selbst die mitunter enervierenden Sportreporter finden bei mir dauerhaft Quartier.

Doch ich habe meine überschüssige soziale Kapazität nicht nur in TV-Prominenz investiert, sondern auch in der realen Welt Personen-»Nachschub« für die moderne Großgruppe gefunden: bevorzugt unter Obern, Kellnern und sonstigem Bedienungspersonal. Mit vielen von ihnen verkehre ich in einer elegant austarierten Balance zwischen Vertrautheit und Distanz. Sie sind für mich, nicht nur wegen ihrer servilen Fähigkeiten, ideale Erweiterungen meines Sozialgefüges – ein äußerer Ring aus verlässlich Anwesenden, die sich diskret um mich kümmern, ohne dass adäquate Gegenleistungen erwartet würden.

Es sind aber weniger die Dienstleistungen, die mich erfreuen (denn die gehören ja zu ihren Pflichten), als vielmehr die darüber hinausgehenden Aufmerksamkeiten, welche für gelungene Sozialkontakte sorgen, für kommunikativen Überschuss gewissermaßen. Dazu zählt vor allem der originelle Schmäh der klassischen Wiener Kaffeehauskellner – für mich perfekt personifiziert im legendären, mittlerweile leider pensionierten »Herrn Horst« aus dem Café Prückel, bei dem der Schalk nicht im Nacken saß, sondern hinter dicken Brillengläsern zu Hause war. Mit diesem

Herrn Ober (wie man in Wien sagt) hatte ich über die Jahre seines Wirkens hinweg eine klaglos funktionierende Zeichensprache entwickelt: Daumen und Zeigefinger in geringem Abstand von mir in die Höhe gehalten, führten beispielsweise im Handumdrehen zur Herbeischaffung eines kleinen Bieres, von Herrn Horst entweder als »Schluck Bier« oder »Kinderbier« tituliert. Beim Bezahlen überreichte er mir die Münzen des Retourgeldes gerne mit der Bemerkung »[...] und ein paar Eisen für Sie«. All das wurde stets mit einem verschmitzten Lächeln oder sanft heiserem Gekicher begleitet. Im Café Landtmann wurde diese charmant bis gewitzt kommentierende Beflissenheit viele Jahre lang vom nicht minder legendären »Herrn Robert« souverän beherrscht. Der Schriftsteller Peter Roos hat diesem Obersten aller Wiener Oberkellner, dem bei seiner Verabschiedung in die Pension vom Wiener Bürgermeister eine Melange serviert wurde, zusammen mit dem Fotografen Clemens Fabry eine eigene Buchhommage gewidmet.[3]

Im Café Engländer sind die Herren Walter und Jahn meine absoluten Lieblinge. Von ihnen mit Handschlag begrüßt zu werden, ist für mich, ganz im Sinne Dunbars, eine Bestätigung der Zugehörigkeit zu einer erweiterten Sozialgemeinschaft, in diesem Fall zum Club der Stammgäste. Wenn mein letzter Besuch schon etwas länger zurückliegt, werde ich von Herrn Walter mit der gestrengen Bemerkung »No, lange nicht mehr gesehen!« empfangen (soziale Kontrolle in der Großgruppe!); einmal hat er mich nach längerer Absenz meinerseits mit der Frage überrascht: »Haben's Winterschlaf gehalten?« Herr Jahn wiederum, unübertroffen im Genre Spontanwitz, hat mich eines Tages auf ganz andere Weise überrascht, ja verblüfft – und zwar mit dem Hinweis, dass er Autor von spirituellen Büchern sei (darunter eine

---

3 Peter Roos, Clemens Fabry: Der Engel im Kaffeehaus. »Herr Robert«, Café Landtmann, Wien und die Welt. Weitra: Bibliothek der Provinz 2004.

höchst unorthodoxe Jesus-Biografie). Das hätte ich bei diesem listig-munteren, forciert-flotten Mundwerksburschen nie und nimmer vermutet. Das sagt freilich mehr über mich selbst aus als über ihn, nämlich darüber, wie ich mir einen Autor spiritueller Bücher vorstelle (jedenfalls nicht so witzig und sympathisch).

Auch der Herr Franz vom Lokal »Prinz Ferdinand« hat mich einmal mit einem »Outing« überrascht: Er läuft nämlich nicht nur im Gasthaus viele Kilometer pro Arbeitstag, sondern in seiner Freizeit auch noch Marathon! Mit ihm plaudere ich aber meistens nicht übers Joggen, sondern über Fußball, obwohl er Austria-Anhänger ist – und ich Rapidler. Aber das beeinträchtigt unsere gegenseitige Sympathie nicht wirklich. (Oft haben wir ja beide Grund zur Klage – ein weiteres verbindendes Element.) Über manche seiner innerfamiliären Angelegenheiten, besonders das Schicksal seiner beiden, nicht immer seinem Rat folgenden Töchter, bin ich ebenfalls gut informiert. Damit durchbricht Herr Franz zwar die allgemein übliche unausgesprochene Übereinkunft, wonach in diesen peripheren Sozialkontakten über allzu Persönliches nicht gesprochen wird, aber das macht mir gar nichts aus. (Ich selbst allerdings halte mich mit privaten Auskünften zurück.)

Regelrecht in die erweiterte Familie aufgenommen wurde ich von den beiden Prinzipalinnen des Gasthauses »Ubl«, Monika und Claudia. In meinem Verhältnis zu ihnen verschwimmt die Grenze zwischen geschäftlichem und privatem Kontakt nahezu vollständig. Möglicherweise kommt das auch daher, dass es sich eben um zwei Wirtinnen handelt, und dass bei Frauen die Überbrückung persönlicher Distanzen oftmals leichter zu bewerkstelligen ist. Was in jedem einzelnen Fall ja gar nicht möglich – und auch gar nicht erwünscht ist. Man kann bei rund hundertfünfzig Menschen, aus denen sich – folgt man Robin Dunbars Hypothese – eine Großgruppe aufbaut, bei dieser Gemengelage aus Pflicht- und Wahlbeziehungen der verschiedensten Art, nicht zu jedem einzelnen Gruppenmitglied gleich enge Beziehungen pflegen. (Die eigentliche »Sympathiegruppe«, auch das eine Erkenntnis von Robin Dunbar, besteht aus maximal 10 bis 15 Menschen.) Aber man hat zu jedem Einzelnen recht wohl Kontakt. Und in dieser Hinsicht sind Kellner, wie auch Wirtinnen, ein besonders ergiebiges Genre, weil man ihnen immer wieder begegnen kann, ohne dazu verpflichtet zu sein. Es handelt sich dabei aus meiner Sicht um die ideale Form einer Wahlbeziehung.

Eine Zeit lang hatte ich erwogen, aus meinen Kontakten zu Kellnern und Wirtsleuten ein Buch zu machen – eine Sammlung persönlicher Geschichten, aber auch ein Porträt ihrer Profession. Leider war – neben Roos' Hommage an Herrn Robert – ein anderer Autor schneller, was jedoch nicht schwer war, weil ich mir mit diesem Vorhaben sehr viel Zeit ließ. Der emsige Soziologe Roland Girtler hat mittlerweile den Kellnern als »Psychologen des Gasthauses« ein Denkmal in Buchform gesetzt.[4]

Und damit schließt sich ein Kreis, nämlich jener rund um die von mir erwählte Großgruppe, denn ich habe einst – im Rahmen meiner soziologischen Ausbildung – bei Roland Girtler studiert. Gelegentlich treffe ich den kauzigen und wanderlustigen Sozialwissenschafter und Vagabunden noch, sodass ich mit einiger Berechtigung sagen kann, dass das von ihm verfasste Kellner-Buch zumindest innerhalb meiner (Groß-)Familie bleibt.

---

4   Roland Girtler: »Herrschaften wünschen zahlen.« Die bunte Welt der Kellnerinnen und Kellner. Wien, Köln, Weimar: Böhlau 2008.

TEUTONE DER ALPEN

Warum ich mich in Deutschland wohl fühle – Ein Bekenntnis

» [...] Außerdem verdanke ich Deutschland Einblicke in mein Land, die ich sonst nicht gehabt hätte.« (Thomas Hürlimann)[1]

»[...] das ist wohl charakteristisch für die deutsch-österreichische Freundschaft: Wir kennen eure Geschichte, und ihr glaubt uns unsere.«
(Robert Menasse)[2]

»Was ich aber keinesfalls vermisse, worüber ich vielmehr täglich froh bin, es los zu sein, ist das Enge, Kleine, Neurotische, das Beleidigte und Verhaberte, das Österreich auf so vielen Ebenen durchzieht.« (Eva Menasse)[3]

Das Wort »lecker« kommt mir noch immer schwer über die Zunge – zumindest dann, wenn ich damit ausdrücken soll, dass mir ein Essen gut geschmeckt, also »gemundet« hat, wie man hierzulande auch sagt. »Das Schnitzel war lecker«, klingt für mich allzu deutsch, also »piefkenesisch«. (Erst recht in dieser Kombination mit des Wieners Leibspeise; bei »Sülze« passte es, wie ich finde, besser; allerdings vermag ich mir nicht vorzustellen, dass beziehungsweise *wie* Sülze gut schmecken kann ...)

1 Thomas Hürlimann in: Die Zeit, 20.08.2009.
2 Robert Menasse: Ich kann jeder sagen. Frankfurt/M.: Suhrkamp 2009, S. 154.
3 Eva Menasse: Unter Piefkes. In: Eva Steffen (Hg.): Wir sind gekommen, um zu bleiben. Deutsche in Österreich. Wien: Czernin 2009, S. 160.

Aber wenn ich mich ein wenig anstrenge, kann ich deutsches Essen durchaus lecker finden. Es ist ja nur ein Wort, ein unschuldiges kleines Wort. Allzu oft braucht man es sowieso nicht auszusprechen, da deutsches Essen selten ..., aber halt!, da haben wir schon eines jener Stereotype, mit welchen wir unseren großen Nachbarn so gerne ärgern beziehungsweise abqualifizieren. Dabei soll es in diesem Text ja darum gehen, Vorurteile zu überwinden. Ja, ich gebe zu, dass ich die Deutschen mag. Ich fühle mich bei ihnen wohl. Das ist für einen Österreicher, erst recht für einen Wiener, alles andere als selbstverständlich; ja, es ist geradezu die Umkehrung einer Selbstverständlichkeit, denn hierzulande gilt vielmehr: Man mag die Deutschen nicht – und fühlt sich bei ihnen auch nicht wohl. Bei den Bayern vielleicht, weil sie ähnlich denken und sprechen wie die (Ober-)Österreicher, und weil sie unsere Mentalität, eine mitunter brachiale Gemütlichkeit, angeblich teilen. (Doch ihren Parade-Fußballklub, den FC Bayern München, mag man südlich des »Weißwurscht-Äquators« trotzdem nicht – weil er zu arrogant, zu präpotent und zu erfolgreich ist.)

Umgekehrt gilt das übrigens auch: Viele Deutsche halten die Österreicher für eine Art »bayerische Untervariante«. Alles aber, was hinter Bayern liegt, gilt in Österreich als preußisch – und somit als unangenehm. Das liegt zum Teil an der fatalen historisch-politischen Last beziehungsweise Belastung, von der Schlacht bei Königgrätz (1866) bis zu den unseligen gegenseitigen Verflechtungen in der Nazi-Ära, die das Verhältnis dieser beiden Nachbarstaaten noch immer trübt, wovon hier aber nicht die Rede sein soll.

Die österreichische Diplomatin und Publizistin Gabriele Matzner-Holzer hat in ihrem informativen, doch streckenweise polemisch und etwas selbstgerecht argumentierenden Buch *Verfreundete Nachbarn* viel Material zu diesem Thema – wie ge-

nerell zum Verhältnis zwischen Österreichern und Deutschen
– vorgelegt.⁴

Ich habe in Deutschland fast nur positive Erfahrungen gemacht. Es begann mit ersten München-Besuchen in meiner Jugend. Damals, in den 1970er-Jahren, galt München als die Lebensstadt, während Wien noch grau und rückständig wirkte. Schwabing und später Haidhausen waren jene Stadtteile, die mit ihren vielen Kneipen eine Atmosphäre schufen, welche rund zehn Jahre danach in Wien »Beisl-Boom« genannt wurde: eine große Dichte an Lokalen, womit abendliches Ausgehen von der feiertäglichen Ausnahme zur alltäglichen Regel wurde. Heute käme ich kaum mehr auf die Idee, aus purem Vergnügen nach München zu fahren – die bayerische Metropole gilt mittlerweile als eher langweilig, einerseits als schicki-micki-haft, andererseits als provinziell. Dafür ist es nun – und auch das schon seit vielen Jahren – Berlin, wohin man von Wien (und anderswo) aus gerne fährt, wenn man mehr erleben möchte. Vor allem Berlins hochaktive Club- und Technoszene hat es vielen angetan, die sich die Nächte lautstark um die Ohren schlagen möchten.⁵ Aber nicht nur das. Berlin hat, seit es 1990 wieder die Hauptstadt geworden ist, viel an urbanem Charme wiedergewonnen, sodass es heute ein besonderer Magnet für Künstler und Lebenskünstler aller Art ist, auch solche österreichischer Provenienz. Damit ähnelt die Situation ein wenig den zwanziger Jahren des 20. Jahrhunderts, als es ebenfalls viele österreichische Literaten und Intellektuelle nach Berlin zog.⁶

4 Gabriele Matzner-Holzer: Verfreundete Nachbarn. Österreich – Deutschland. Ein Verhältnis. 2. Aufl. Wien: Edition Atelier 2005.

5 Siehe dazu Tobias Rapp: Lost and Sound. Berlin, Techno und der Easyjetset. Frankfurt/M.: Suhrkamp 2009.

6 Siehe dazu Bernhard Fetz, Hermann Schlösser (Hg.): Wien – Berlin. Wien: Zsolnay 2001.

Mir ist, obwohl ich München noch immer und Berlin mittlerweile ebenfalls sehr schätze, allerdings Köln die liebste deutsche Stadt: eine Art Kompromiss im Sympathie-Wettstreit zwischen der südlichen und der nord-östlichen Metropole, der sich für mich – über die Freundschaft zu einem Kölner – auf sehr persönliche Art und Weise ergeben hat. Die rheinländische Freundlichkeit, mitunter auch Oberflächlichkeit ist mir aber doch lieber als die bayerische Deftigkeit oder die Berliner Direktheit, vulgo »Schnauze« – wenn wir schon von Stereotypen sprechen, denen man ja manchmal auch wirklich begegnet. Und als ein Biertrinker, der sein Getränk in Wien lieber in »Seidln« als in »Krügeln« bestellt (und dem »Pfiff« keineswegs abgeneigt ist), bin ich in der Rheinstadt, wo das »Kölsch« bekanntlich in 0,2-Liter-Gläsern ausgeschenkt wird, sowieso gut bedient – und rasch zufriedengestellt. Selbst mit dem Dialekt habe ich keine Probleme, der Kölner Singsang geht mir gut und leicht ins Ohr, viel besser als etwa das Schwäbische, das mir allzu heimelig und patent klingt. Das so genannte reine Hochdeutsch findet man ja, wie der in Deutschland lebende, österreichische Kabarettist Severin Groebner etwas überpointiert feststellt, sowieso nur rund um Hannover. Groebner hat eine konzise, lautmalerische Anthologie der deutschen Dialekte zusammengestellt: »In Köln beispielsweise klingen die Menschen, als ob Franzosen versuchen würden, Niederländisch zu singen. In Franken wurden dafür alle hardn Gonsonanden aus der Sbrache endfernd. In Bayern spricht man in erster Linie durch die Nebenhöhlen [...] In der Pfalz klingen alle so, als würden sie permanent Schnupfen abbm. Die Hesse habe sämtliche Konsonante am Schluss von de Wörte abgeschaff. Der Berliner hat eine Schnauze, aus der ein Jemisch rauskommt, das man als einjedeutschtes Westpolisch bezeichnen könnte [...], und wie sich der Sachse verständigt, weiß keiner so recht.«[7]

7   Österland und Deutschreich in: Datum, 7–8/2009.

Aus diesem fast schon babylonischen Dialektgemisch zieht Groebner den Schluss, dass das eine Deutschland (einig Vaterland) gar nicht wirklich existiert, sondern es stattdessen – wie es in einer Spirituosenwerbung heißt (»Wein aus deutschen Landen«) – »viele unterschiedliche deutsche Lande« gibt. Das klingt sehr vernünftig und richtig, denn man macht tatsächlich sehr unterschiedliche Erfahrungen, wenn man sich in verschiedenen deutschen Bundesländern befindet. Daher ist auch der »Deutsche« mit all seinen angeblichen urtypischen Eigenschaften eine Fiktion – wie jeglicher Nationalcharakter.

Aber solche gegenseitigen Typisierungen haben eine praktische Funktion: Sie erleichtern das (Zusammen-)Leben. Darum sind sie auch so beständig. Jene Klischees, mit welchen sich Österreicher und Deutsche gegenseitig bedenken, erweisen sich als besonders langlebig. Gabriele Matzner-Holzer fasst sie so zusammen: »Zu den positiven Eigenschaften der Österreicher zählten und zählen [...] Charme, musische Talente und eine als Folge von Zurückgebliebenheit erklärte traditionsverhaftete Lebensart, zu den negativen Schlitzohrigkeit, Opportunismus, Unverlässlichkeit, Schlamperei und Missgunst gegenüber Deutschen, die auch darin zum Ausdruck komme, dass man sich von ihnen abgrenzen wolle. Deutschen wird umgekehrt Tüchtigkeit zugutegehalten und auch übel genommen. [...] Selbstbewusstes Auftreten Deutscher stößt auf österreichische Bewunderung und Unterwerfung zugleich, erweckt aber in manchen schweigenden Österreichern den heimlichen Wunsch, wohlmeinende, deutsche Oberlehrer mögen ebenfalls schweigen.«[8] Severin Groebner steuert diesem Katalog an Stereotypen noch die folgende Beobachtung bei: »[...] wo der Österreicher lauthals schimpft oder resigniert mit den Schultern zuckt (was nichts ändert), ist der Deutsche betroffen und mahnt. Er gibt zu bedenken. Er

---

8   Matzner-Holzer 2005, S. 28f.

fordert grundsätzliche Debatten. Und das ändert auch nichts. Aber irgendwie hat man etwas getan. Zumindest gesagt. Eine Diskussion angestoßen!«[9]

Den Eindruck, dass in Deutschland mehr diskutiert und debattiert wird, gewinnt man als Österreicher tatsächlich rasch. Ich empfinde das aber – mit gelegentlichen Ausnahmen, wenn die Beiträge allzu didaktisch oder besserwisserisch ausfallen – keineswegs als unangenehm. Immerhin stellen Diskussionen eine Öffentlichkeit her – und bedürfen dafür geeigneter Trägermedien. Damit sind wir bei den Zeitungen, die in Deutschland viel besser sind als in Österreich – und einer der Hauptgründe dafür, warum ich mich dort als Leser (und gelegentlicher Schreiber) deutlich wohler fühle als bei uns. Keines unserer so genannten Qualitätsblätter kann mit den überregionalen deutschen Zeitungen, wie *Frankfurter Allgemeine Zeitung (FAZ)*, *Süddeutscher*, *Welt* oder *Zeit* (die seit einigen Jahren sogar eigene »Österreich«-Seiten hat), mithalten; selbst regionale Blätter wie *Berliner Tagesspiegel* oder *Kölner Stadtanzeiger* erscheinen mir im Vergleich zu unseren Printprodukten besser gemacht. Außerdem hat die deutsche Qualitätspresse einen höheren Stellenwert in der Öffentlichkeit als unsere Zeitungen, die völlig im Schatten des Boulevards verschwinden. In deutschen Städten fällt einem sofort auf, dass die großen Zeitungen an allen Kiosken aushängen – und zwar deutlich prominenter als die »Revolverblätter«. Bei uns ist das umgekehrt, da verschwinden die Qualitätsmedien unter der Woche fast völlig von der Bildfläche – und zeigen sich nur an Wochenenden diskret in ausgehängten »Verkaufstaschen«, vulgo »Plastikbeuteln«.

Das Verhältnis zwischen österreichischem und deutschem Zeitungsangebot lässt sich mit Zahlen belegen: »Das Boulevardangebot der Printmedien lässt mit 66 Prozent die in Deutsch-

---

[9] Datum, 7–8/2009

land und der Schweiz gemessenen Werte weit zurück«, heißt es in einer von der Österreichischen Akademie der Wissenschaften veröffentlichten Studie über die österreichische Medienlandschaft.[10] Alleine die *Kronen-Zeitung* hat mit ihrer Reichweite von 41,9 Prozent (Stand: Juni 2009) mehr Leser als die fünf nachgereihten Zeitungen zusammen. Eine ähnliche Machtposition hatte der Springer-Konzern in den späten 1960er-Jahren inne (allerdings nie mit nur einer Zeitung, etwa der *Bild*), aber in Deutschland ist es – nicht zuletzt aufgrund des engagierten Protests der »68er« – gelungen, das Meinungsmonopol der Springer-Blätter zurückzudrängen. »Springer ist nach wie vor ein großes und einflussreiches Medienhaus, aber eben nicht mehr ein alles verschlingernder ›Moloch‹«, bilanzierte *Die Zeit* im Jahr 2009.[11] Die *Krone* ist und bleibt ein Moloch. Aber es ist ja nicht nur dieses Kleinformat und sein unseliger politischer Einfluss, welcher die österreichische Öffentlichkeit auf erschreckende Weise dominiert. Mittlerweile kamen ja auch noch die Wiener Gratiszeitung *Heute* und das Fellner-Blatt *Österreich* hinzu, die ebenso hemmungslos knallig berichten, sodass nun täglich eine von schrillen Rückkoppelungen verzerrte mediale Kakophonie erklingt, die in dem Echoraum dieses kleinen Landes ekelhaft widerhallt. Und das hat soziale, emotionale und politische Auswirkungen. Aversionen, Ressentiments und negative Gefühle aller Art haben in den letzten Jahren spürbar zugenommen – und machen es jenen politischen Parteien wie der FPÖ leicht, die sich dieser Emotionen bedienen. Da nützt es wenig, wenn eine Zeitung wie »Österreich« zwar inhaltlich gegen diese Rechtspartei anschreibt, durch ihre plakative und hysterisierende Art der Berichterstattung aber erst recht den emotionalen Boden(satz) für deren Erfolge aufbereitet. Die Form zählt mehr als der Inhalt.

---

10 Zit. nach: Der österreichische Journalist, 06–07/2009.
11 Die Zeit, 18.06.2009.

Was haben wir uns in Publizistikseminaren nicht alles einreden lassen: von der Diversifizierung der Lesegewohnheiten über den Siegeszug der Vielfalt bis hin zur Aufsplitterung der Interessen! Wenn man wochentags in Wien in einer Straßen- oder U-Bahn fährt, erweisen sich diese Thesen allesamt als Makulatur. Fast alle Fahrgäste lesen dasselbe, großteils die Gratisblätter – selbst die *Krone* verschwindet allmählich aus den öffentlichen Verkehrsmitteln (sie wird dann daheim gelesen). Die Situation erinnert an die Wandzeitungen in China und ihre flächendeckende Propaganda. Statt mit kommunistischen Lehrsätzen wird man bei uns mit gefühlsgetränkten Nachrichten und billiger Angstmacherei eingedeckt. Auch das prägt und bildet einen kollektiven Charakter.

Ohne die Situation in Deutschland zu beschönigen oder zu idealisieren – *Bild* und andere Krawallzeitungen (wie etwa der *Kölner Express*) sorgen ebenfalls für schrille Töne und emotionalen Wirbel –, kann man behaupten, dass der Einfluss und die Macht des Boulevards deutlich geringer ist als bei uns. Unvorstellbar, dass etwa der Herausgeber einer deutschen Zeitung glauben könnte, sich die höchsten politischen Repräsentanten aussuchen zu dürfen, wie das bei uns fast schon zur Tradition gehört. Und auch offene Hetze, sei's gegen Ausländer oder EU-Bürokraten, ist in der Form, wie sie in österreichischen Blättern vorkommt, in deutschen Medien undenkbar.

Dafür nehme ich gerne in Kauf, dass das geistig-kulturelle Milieu in Deutschland zu einer gewissen links-liberalen Einseitigkeit neigt. Der *Spiegel*-Redakteur Jan Fleischhauer, der – wie er selbst meint – »aus Versehen konservativ wurde«, hat diese Monotonie heftig beklagt: »Die Linke hat gesiegt, auf ganzer Linie, sie ist zum *juste milieu* geworden. [...] Linke müssen sich in Deutschland für ihre Ansichten nicht wirklich rechtfertigen. Sie haben ihre Meinung weitgehend durchgesetzt, nicht im Volk, das störrisch an seinen Vorurteilen festhängt, aber in den tonangebenden Kreisen, also da, wo sie sich vorzugsweise aufhalten. [...] In der Meinungswirtschaft, in der ich mein Geld verdiene, gibt es praktisch nur Linke. Und wer es nicht ist, behält das lieber für sich.«[12]

Die Schriftstellerin Sibylle Berg sieht Deutschland gegenwärtig überhaupt bar jeglicher Intellektualität: »Deutschland ist [...] frei von Intellektuellen – und schwebt unbehelligt vom Einfluss jeglicher visionärer Gedanken in einem bräsigen Mediennebel. [...] Ansonsten überlassen die Bewohner des Landes das Feld der Vordenker den Fernsehmoderatoren und Comedians, die intellektuellen Debatten vornehmlich Journalisten bei den Feuilletons der drei anerkannten wichtigen Zeitungen Deutschlands. Dass Diskurse in Zeitungen nur Journalisten und deren Eitelkeit zum Thema haben, ist unerheblich.«[13]

Diese Einschätzung halte ich für polemisch und übertrieben. Wie gesagt wäre ich froh, wenn wir in Österreich wenigstens in der Lage wären, uns auf einem so hohen Niveau beklagen zu können. Unser »bräsiger Mediennebel« hängt viel tiefer – und von einer links-liberalen Dominanz bei journalistischen Meinungsmachern sind wir weit entfernt. Nicht, dass ich dies für ein Qualitätskriterium hielte, aber im Vergleich zu den dumpfen rechtspopulistischen Tönen, die in unseren Zeitungen erklingen (und nicht nur in den boulevardesken), ziehe ich das zugegeben etwas eintönige und selbstgerechte linke *juste milieu* in Deutschland vor, das letztlich doch eine gehobene Debattenkultur fördert – ja, mitunter sogar zur Selbstironie fähig ist.

Natürlich wird man als Wiener in Deutschland für ziemlich »meschugge« gehalten (auch wenn das dort niemand wirklich so

---

12 Jan Fleischhauer in: Spiegel online, 04.05.2009; siehe auch ders.: Unter Linken. Von einem, der aus Versehen konservativ wurde. Reinbek bei Hamburg: Rowohlt 2009.
13 Sibylle Berg in: Literaturen, 03/2009.

sagen wird), wenn man zugibt, sich in Köln wohl zu fühlen. Das kann ja wohl nicht wahr sein. Ist es aber. Und die Gründe dafür sind einfach zu nennen: Ich sehe, höre und genieße in dieser Stadt – im Vergleich zu Wien – mehr und bessere (Pop-)Konzerte, Lesungen und Fußballspiele. Nach wie vor ist Köln (so wie andere deutsche Großstädte auch) weit öfter als Wien eine Tourneestation der interessantesten internationalen Pop-Acts, sodass man dort als entsprechender Fan mit Live-Auftritten besser versorgt wird. Auch in der Literatur setzt Köln Maßstäbe: Das seit 2000 jährlich stattfindende Festival LitCologne ist ein literarischer Mega-Event, bei dem man – stets vor ausverkauften Häusern mit begeisterungsfähigem Publikum quer durch die Stadt – internationale Größen lesen und diskutieren hören kann. Seit 2008 wird in Wien versucht, eine ähnliche Veranstaltung in deutlich kleinerem Rahmen auf die Beine zu stellen. Bisher mit mäßigem Erfolg. Doch auch das »alltägliche« literarische Angebot, etwa des Kölner Literaturhauses, wo Lesungen dramaturgisch raffiniert dargeboten werden, ist wesentlich interessanter und gehaltvoller, als wir es, wenn auch mit einer Reihe von Ausnahmen, aus vielfacher, jahrelanger Erfahrung in Wien kennen.

Und dann der Fußball: Ich habe einmal ein Zweitligaspiel des 1. FC Köln (gegen Hansa Rostock) gesehen, bei dem mehr Zuseher waren als an einem Wochenende bei allen österreichischen Erstdivisionsspielen zusammen. Das sagt einiges über die Begeisterungsfähigkeit der Kölner Fußballfans aus. Und für die ist es ziemlich egal, ob der kultisch verehrte Podolski-Verein gerade in der ersten oder in der zweiten deutschen Bundesliga spielt. Die deutschen Bundesligen bieten, im Vergleich zu unseren Meisterschaften, generell wesentlich attraktivere Spiele. Das hat natürlich mit der Größe des Landes und der Finanz- und Spielstärke des deutschen Fußballs zu tun (so wie in England, Spanien und Italien auch). So erklärt sich auch der Cordoba-Mythos, der in

Österreich mehr als dreißig Jahre nach dem legendären 3:2-Sieg unserer Auswahl gegen die Deutschen bei der WM in Argentinien noch immer sehr lebendig geblieben ist.

Der berühmte Kölner Karneval ist für mich übrigens kein Grund, in die zu dieser Jahreszeit immer etwas überfidele Rheinstadt zu fahren. Dafür fällt mir dort – das gesamte Jahr über – etwas anderes sehr positiv auf: Köln ist (so wie Berlin, Hamburg oder München) deutlich weniger (alltags-)rassistisch wie Wien. Und das trägt viel zur Lebensatmosphäre bei, da wie dort. (Im deutschen Osten, wo es in dieser Hinsicht schlimm ist, war ich freilich noch nicht.)

Natürlich ist Wien – im Vergleich zu Köln – die wesentlich schönere Stadt: pittoresker, gepflegter, besser verwaltet – und mit einem wesentlich breiteren und anspruchsvolleren (Hoch-)Kulturangebot (also Oper, Theater, klassische Konzerte, Ausstellungen). Trotzdem ist es in Wien, das 2009 zur lebenswertesten Stadt der Welt gekürt wurde, oft nur schwer auszuhalten. »Ich bin immer wieder davon überrascht, wie schwer man hier lebt, obwohl es so angenehm ist«, bringt der Wiener Essayist Franz Schuh die so häufig von so vielen gefühlte Paradoxie, die man in dieser Stadt zwangsläufig erfährt, auf den Punkt.[14]

Der deutsche Journalist und Feuilletonist Peter Kümmel vermutet, dass mit dem Wert allen Lebens auch das allgemeine Sicherheitsbedürfnis wächst: »Man hat den Eindruck: Viele Wiener fühlen sich in ihrer Stadt bedroht, belagert, eingeschlossen.«[15] Und der deutsche Popsänger und Aktionskünstler Schorsch Kamerun, der bei den Wiener Festwochen 2009 unter dem Motto »Bei aller Vorsicht!« einen Theaterspaziergang durch die Stadt durchführte, empfand die emotionale Lage in Wien als extrem angespannt: »Es gibt ein enormes Bedrohungsgefühl in dieser Stadt. [...] die Auseinandersetzungen um Migration

---

14 Franz Schuh in: Wespennest, 135/2004.
15 Peter Kümmel in: Die Zeit, 20.05.2009.

und Überfremdung werden mit ganz anderer Härte geführt als in Deutschland.«[16] Dieser nicht nur latente Rassismus, der in Wien gärt, wird – wie erwähnt – auch politisch und medial geschürt. Trotzdem – und obwohl auch ihnen mitunter Missgunst entgegenschlägt (freilich bei Weitem nicht so radikal wie Menschen aus der Türkei oder Ex-Jugoslawien) – fühlen sich viele Deutsche in Wien sehr wohl. Und es werden immer mehr. Mit Stichtag 1. Jänner 2009 waren 40.382 Deutsche in Wien mit Haupt- oder Nebenwohnsitz gemeldet, womit sie nach den Ex-Jugoslawen die zweitgrößte Einwanderergruppe bilden. Das entspricht etwa der Einwohnerzahl von Wiener Neustadt. Und die Deutschen tun unserer Stadt, wie ich finde, sehr gut. Nicht nur heben sie das Bildungsniveau – »Fast die Hälfte der Migranten aus Deutschland hat Abitur, 28 Prozent einen Hochschulabschluss. Der österreichische Schnitt liegt bei 23 Prozent Matura und neun Prozent Uniabschluss«[17] –, sie mischen auch den in Wien zur Klüngelei neigenden Kulturbetrieb gehörig auf, und sie sind – ganz gegen ihr Drei-P-Image (Pingeligkeit, Pünktlichkeit und Piefkenesisch) – meist sehr sympathisch. Die in meinem Kollegen- und Freundeskreis befindlichen »deutschen Wiener« gehören zu den angenehmsten, diskretesten und tolerantesten Menschen, die ich kenne. Mitunter sind sie sogar witzig (und zwar auf deutlich kultiviertere Art als etwa die deutschen »Brachialkomiker« Mario Barth oder Atze Schröder, die in Wien neuerdings komischerweise auch geschätzt werden).

Vielleicht werde ich selbst eines Tages noch zu einem »Teutonen der Alpen«, wie Joseph Roth jene Österreicher (oft slawischer Abstammung) bezeichnete, die ihren Minderwertigkeitskomplex mit germanischer Militanz zu kompensieren

---

16 Schorsch Kamerun in: Die Zeit, 20.05.2009.
17 Christoph Wurmdobler: Ihr könnt uns mal gerne haben: Deutsche in Wien. In: Falter 12/2009.

trachteten.[18] Vorderhand ist die Gefahr allerdings gering. Das habe ich nicht zuletzt bei einem Streitgespräch mit einem Kölner Journalisten gemerkt, der über meine Argumente mit einem wahren teutonischen Furor hinwegfuhr, sodass ich mich ganz instinktiv mit der Bemerkung »Blöde piefkenesische Besserwisserei« dagegen verwehrte. In diesem Moment war ich unverkennbar – und unüberhörbar – das, was ich im Grunde meines Herzens immer noch bin: Wiener.

---

18 Siehe dazu Matzner-Holzer 2005, S. 66.

LOB DER SELBSTSTEUERUNG
Drei Beispiele für eine neue deutsche Aufklärung

Immanuel Kant verstand Aufklärung als »Ausgang des Menschen aus seiner selbst verschuldeten Unmündigkeit«, wobei diese Unmündigkeit für ihn »das Unvermögen« darstellte, »sich seines Verstandes ohne Leitung eines Anderen zu bedienen«. In seiner Schrift *Beantwortung der Frage: Was ist Aufklärung?* (1784) schuf der Philosoph damit die Grundlage der klassischen deutschen Aufklärung. Wobei Kant konzedierte, dass eine »Reform des Denkens« nur langsam vonstatten gehen könne. Denn: »Es ist für den Einzelnen schwierig, die Unmündigkeit zu überwinden, weil sie den meisten Menschen als Normalität erscheint.«[1] Für Kant und Kollegen ging es damals, im 18. Jahrhundert, in erster Linie um die Einschränkung der Adelswillkür und des Einflusses des Klerus auf die Politik.

Viele der Anliegen der Aufklärung sind auch rund 250 Jahre später noch von Belang und Aussagekraft. Trotzdem haben sich ihre Grundlagen geändert. Es geht heute nicht mehr vorrangig darum, Politik, Religion oder gar Aristokratie in ihren Ansprüchen zu beschränken und ihre Ideologien mit Verstandeskraft zu durchdringen, um sich aus der von ihnen verursachten Unmündigkeit zu befreien. Diese Schlachten sind weitgehend geschlagen. Heute geht es um etwas anderes. Die Unmündigkeit,

1 Immanuel Kant: Beantwortung der Frage. Was ist Aufklärung? In: Ders.: Schriften zur Anthropologie, Geschichtsphilosophie, Politik und Pädagogik. Hg. v. Wilhelm Weischedel. Darmstadt: Wissenschaftliche Buchgesellschaft 1983 (= Immanuel Kants Werke in sechs Bänden, Bd. VI), S. 51ff.

die nunmehr den meisten Menschen als Normalität erscheint, stammt aus anderen Quellen, wie etwa den Massenmedien.

»[...] tatsächlich sind die Medien in der Ära der hohen Auflagen weniger Aufklärungsorgane für ein lernendes Publikum als Anbieter von Diensten [...] des massenhaften Sich-Täuschen-Lassens.«[2]

Ich nenne es der Einfachheit halber »Illustriertenwissen«, was sich in den Köpfen vieler Menschen als zwingende Vorstellung von Leben – und Zusammenleben – eingenistet hat. Es sind vielfach wiederholte Behauptungen, Botschaften und »Weisheiten«, die sich zu Lebenshaltungen verdichtet haben, gegen die schwer anzukommen ist. Daher ist für mich Aufklärung heute in erster Linie ein Ankämpfen und Anschreiben gegen schlichte Imperative, die sich scheinbar widerstandslos verbreiten und zu unhinterfragten Wahrheiten gerinnen.

Ich möchte im Folgenden drei Männer vorstellen, die diesen Anspruch für mich exemplarisch erfüllen. Da es sich dabei um drei Deutsche handelt, sind sie für mich prototypische Vertreter einer »neuen deutschen Aufklärung«: Es sind das der Lebensmittelchemiker Udo Pollmer, der Paartherapeut Michael Mary und der Soziologe Karl Otto Hondrich.

Wie man noch sehen wird, sind ihre Anliegen zwar im Detail verschieden, aber im Endeffekt ähnlich, da jeder auf seine Art und auf seinem Gebiet das Vertrauen in die Selbststeuerung stärkt. Selbststeuerung heißt in diesen Fällen gerade nicht, dass das Individuum sich selbst steuert, sondern dass es von anderen Instanzen gesteuert wird – viel mehr, als es das selbst wahrhaben will. Und dass das gut so ist, weil es einer generellen Überforderung entgegenwirkt, aus der viele Missstände erst entstehen. Anders als die klassische Aufklärung, die das Subjekt zum ei-

---

2   Peter Sloterdijk: Du musst dein Leben ändern. Frankfurt/M.: Suhrkamp 2009, S. 620.

genständigen Handeln ermutigte und dazu aufforderte, sich tatkräftig aus den unterdrückenden Verhältnissen zu befreien, geht es heute darum, dem Einzelnen wieder etwas von der Last zu nehmen, die ihm die moderne Forderung auferlegt, alles eigenständig entscheiden zu müssen – und danach zu handeln. (Siehe dazu auch den Aufsatz *Urlaub vom Ich*.) Vieles ist schon entschieden, vieles schon getan, ohne dass man es noch wesentlich beeinflussen könnte. Und von diesem scheinbar paradoxen Umstand, dass man gar nicht so viel tun kann und zu tun braucht, wie einem stets abverlangt wird, geht eine befreiende Wirkung aus. Aufklärung fordert nunmehr nicht mehr zu einem Handeln auf, wofür oder wogegen auch immer, sondern zu einem Lassen: einem Ab-Lassen, Los-Lassen, Geschehen-Lassen.

Ein Paradefall dafür, wie ein medial gut und breit gestreutes Gerücht zu einer Art von Gewissheit hochgekocht wird, ist die so genannte gesunde Ernährung. Auch wenn sich die Einschätzungen, was darunter zu verstehen ist, oft radikal gegenseitig widersprechen, gilt doch allgemein, dass es so etwas wie eine gesunde Ernährung gibt. Man erfährt es alltäglich: Verweigert man etwa einen Salat zum Abendessen, wird man sogleich verdächtigt, sich nicht gesund ernähren zu wollen. (Dabei spricht einiges dafür, am Abend keine Rohkost zu sich zu nehmen, da man sie um diese Zeit nur mehr schwer verdaut. Aber vielleicht ist auch das nur ein Gerücht.) Und wenn man Müsli oder Vollkornbrot zum Frühstück isst, wird man automatisch für einen gesundheitsbewussten Menschen gehalten – unabhängig davon, ob es einem bekommt oder nicht. (Ich zum Beispiel vertrage diese Kost nicht.)

Derjenige, der seit vielen Jahren gegen diesen Trend ankämpft, ist der Lebensmittelchemiker und Publizist Udo Pollmer. In vielen Büchern und Artikeln hat er schlüssig dargelegt, dass die Behauptung, es gäbe so etwas wie eine gesunde Ernährung für alle Menschen, wissenschaftlich nicht haltbar ist. »Dabei ist die Idee einer gesunden Ernährung für alle so realitätsfern wie die einer gesunden Schuhgröße für alle. Jeder Mensch ist anders, sein Stoffwechsel unterscheidet sich in zahllosen Dingen von dem seines Nachbarn. Deshalb verträgt er andere Speisen und braucht auch eine andere Ernährung. Dafür haben wir den Appetit mitbekommen, hat jeder seine eigenen Vorlieben.«[3]

Pollmer, seit 1995 Leiter des europäischen Institutes für Lebensmittel- und Ernährungswissenschaften in München, hält die Ernährungsaufklärung, wie sie seit rund fünfzig Jahren mit großem Aufwand – medial, gesundheitspolitisch und volkspädagogisch – betrieben wird, auf der ganzen Linie für gescheitert. Er zitiert dazu Volker Pudel, Professor an der Universität Göttingen und ehemals Präsident der Deutschen Gesellschaft für Ernährung, der »glaubt, dass die Ernährungsaufklärung vor allem eines gebracht habe: Die Menschen äßen, was sie immer gegessen haben, aber jetzt mit schlechtem Gewissen«.[4]

Das Scheitern der vermeintlichen Aufklärung hat für Pollmer einen einfachen Grund: »Essen ist ein Trieb. Die Nahrungsaufnahme, die Auswahl der Speisen, der Appetit sind entwicklungsgeschichtlich älter als die sexuelle Fortpflanzung. Sie sind im Instinkt, dem limbischen System, verankert und dem Verstand auf Dauer nicht zugänglich. Dies hat die Biologie so festgelegt – ob es uns passt oder nicht. Daher eignet sich dieses Gebiet so trefflich für pseudoreligiöse Moral- und Selbstbeherrschungsvorstellungen.«[5] Pollmer, der diversen Ernährungsmoralisten und Gesundheitsaposteln in zahlreichen Foren, Talkshows und Seminaren öffentlich vehement und mitunter auch heftig polternd widerspricht und medial generell

---

3 Udo Pollmer in: NZZ Folio, 03/2004.
4 Ebenda.
5 Udo Pollmer, Andrea Fock, Ulrike Gonder, Karin Haug: Prost Mahlzeit! Krank durch gesunde Ernährung. Köln: Kiepenheuer & Witsch 1994, S. 15.

sehr kampfeslustig in Erscheinung tritt, belässt es in seiner Aufklärung über die Aufklärung nicht bei einer allgemeinen Kritik, sondern er geht auch ins Detail. In seinen zumeist mit anderen Autoren (vor allem Autorinnen) verfassten Büchern, wie *Prost Mahlzeit! Krank durch gesunde Ernährung* oder *Lexikon der populären Ernährungsirrtümer*, geht er all den umherschwirrenden Missverständnissen, Fehlinterpretationen und Halbwahrheiten fachkundig auf den Grund. Er und seine Mitarbeiterinnen zeigen darin u.a., warum die Ratschläge zur Senkung des Cholesterinspiegels nichts fruchten und oft kontraproduktiv sind, weshalb Vitaminpräparate nichts bringen außer gelegentlichen paradoxen Mangelerscheinungen (»Isolierte Zusätze fördern Fehlernährung eher, als dass sie sie verhüten. Vitaminierte Lebensmittel sind ein Geschäft mit der Gesundheit und mit dem schlechten Gewissen.«[6]), und vor allem, warum die logisch und einleuchtend klingende Idee einer Vollwerternährung nicht praktikabel ist. Denn es reicht eben nicht aus, »unterschiedslos alles roh zu essen, nur weil darin schon alles enthalten sein sollte, was der Körper braucht. Neben den Nährstoffen spielen die Abwehrstoffe eine gleichwertige Rolle. Daran ist die Vollwertkost gescheitert. Sie hat den Sinn des Kochens nicht begriffen [...] Sie hat geglaubt, dass jede Erhitzung, jede Verarbeitung wertmindernd sei, ohne zu fragen, ob wir die Wertstoffe ohne Verarbeitung überhaupt nutzen können.«[7]

Für mich war diese Erkenntnis eine Offenbarung. Denn ich hatte mich, einigen Apologeten der Vollwerternährung folgend, eine Zeit lang von allerlei Rohkost und Frischkornbreien ernährt – und mich miserabel gefühlt: Bauchkrämpfe, Blähungen, Durchfälle und Energiemangel waren die Folgen. Bis ich Udo Pollmers Texte zum Thema Vollwertkost las, die mir die Augen

---

6 Pollmer et al 1994, S. 51.
7 Ebenda, S. 167f.

für die Zusammenhänge öffneten – und mich von diesen Beschwerden befreiten. Denn es sind vor allem die so genannten »Abwehrstoffe« im Getreide und Gemüse (mittels derer sich jene vor dem Gefressenwerden – sei's durch Tier oder Mensch – physiologisch schützen), die die Unverträglichkeit und Unverdaulichkeit bewirken. Vor allem das Phytin ist solch eine Substanz, die – in vielen Körnern enthalten – u.a. die Aufnahme von Mineralstoffen, Spurenelementen und vermutlich auch von Vitamin B1 blockiert. »Phytin macht Eiweiße unverdaulich und blockiert damit auch unsere Verdauungsenzyme.«[8]

Das scheinbar so Natürliche, nämlich Nahrungsmittel im Rohzustand zu essen (weil – und das ist die ideologisch falsche Grundannahme der »Vollwertler« – die Natur ausschließlich nur Gutes, auch für uns Menschen, produziere), ist somit ad absurdum geführt. Es hätte ja immerhin bei einem kleinen geografischen und historischen Rundblick auffallen können, dass selbst bei so genannten »Naturvölkern« der Verarbeitungsgrad der Nahrungsmittel höher ist und stets war, als es von heutigen Vollwert-Aposteln gepredigt wird.

»Aber auch das Backen beziehungsweise Kochen muss einen biologischen Sinn haben. Denn nirgendwo fanden wir Hinweise auf Völker, die rohe Weizen- oder Roggenbrote essen. Im Gegenteil, alle erhitzen ihr Korn, viele darren oder rösten es, andere kochen Brei und viele backen Fladen oder Brot. Auch das Backen dient dem Abbau von Stoffen, die unsere Verdauung behindern.«[9]

Der ständig und allerorts wiederholten Behauptung, dass man durch »ungesunde Ernährung« krank werde – und umgekehrt, dass »gesunde Ernährung« heilen könne, mangelt es

---

8 Pollmer et al 1994, S. 148f.
9 Ebenda, S. 143.

also an jeglicher Grundlage. Solche Thesen fördern nur ein neurotisches Essverhalten und diffuse Ängste. Udo Pollmer zitiert große internationale Vergleichsstudien, die – entgegen ihrer Intention und Ausgangshypothese – allesamt keinerlei Zusammenhänge zwischen einem bestimmten Ernährungsverhalten und speziellen Erkrankungen feststellen konnten. So war etwa die in den USA durchgeführte *Nurses Health Study* an 120.000 Krankenschwestern, die solche Zusammenhänge belegen wollte, ein kompletter Fehlschlag: »Ganz gleich, wie ›gesund‹ sich die Frauen ernährten und wie gesund auch ihr Lebensstil war, es hatte im Vergleich zu den Damen, die aus fachlicher Sicht alles falsch machten, keinerlei Auswirkungen auf das Auftreten schwerer Erkrankungen oder die Sterblichkeit.«[10]

Natürlich gibt es einzelne Menschen, die bestimmte Speisen nicht vertragen – und eventuell krank davon werden, wenn sie nicht darauf verzichten, aber das sind individuelle Unverträglichkeiten, die jeder für sich selbst herausfinden muss. In der Regel erledigt das der Körper, indem er gewisse Lebensmittel deutlich ablehnt, sei's durch Ekel oder andere Abscheu- beziehungsweise Abwehrmechanismen. Manchmal, bei versteckten Allergien etwa, ist es etwas komplizierter, weil die negativen Reaktionen oft erst später und nur schwer direkt nachvollziehbar erfolgen.

Es gibt also, wie schon mehrfach erwähnt, keine »gesunde Ernährung«, sondern allenfalls, wie Pollmer vorsichtig meint, eine »ungesunde Ernährung«: etwa eine, die ausschließlich aus Genussmitteln oder Fast Food besteht. Und selbst da ist laut dem deutschen Lebensmittelchemiker nicht wirklich genau zu sagen oder gar zu prognostizieren, was solch eine Kost anrichtet beziehungsweise auslöst.

---

10   Udo Pollmer, Susanne Warmuth: Lexikon der populären Ernährungsirrtümer. Frankfurt/M.: Eichborn 2007, S. 157.

Grundsätzlich gilt: Weg mit all dem unhaltbaren theoretischen Unfug, mit dem wir über Jahre und Jahrzehnte hinweg gefüttert wurden. Und vor allem weg mit dem schlechten Gewissen. Denn das macht früher oder später sicher krank.

Udo Pollmer hat mit seiner Art der Aufklärung, nämlich den Menschen das Vertrauen in ihren Appetit, also in ihre biologische Selbststeuerung, wieder zurückzugeben, sicher mehr für das Wohlbefinden und die »Volksgesundheit« getan als viele Ernährungsberater mit ihren größtenteils unsinnigen Geboten und Verboten.

Ähnlich zahlreich und ausufernd wie die Ratschläge, wie man sich »richtig« ernähren soll, sind die Tipps, wie man möglichst rasch reich und glücklich wird. Diesen Patentrezepten, die nicht nur Illustrierte und Magazine, sondern seit vielen Jahren auch den Buchmarkt überschwemmen, misstraut der Hamburger Psychologe und Paartherapeut Michael Mary zutiefst. Für ihn ist der »Machbarkeitsglaube«, welcher Erlösung von allerlei Leiden und dauerhaftes Glück verspricht, die »Religion des 21. Jahrhunderts« – und deren moderne Prediger, die sich heute Berater nennen, sind für Mary »die Erlöser des 21. Jahrhunderts«.[11] Deren so alte wie effektive Methode verrät Mary in seinem Buch *Die Glückslüge. Vom Glauben an die Machbarkeit des Lebens*: »Verkaufe den Menschen ihre eigenen Hoffnungen und Sehnsüchte. Daher lautet die frohe Botschaft des 21. Jahrhunderts schlicht und einfach: Alles ist machbar! Es liegt nur an dir!«[12] Mary unterscheidet dumme und intelligente Machbarkeitslügen. Zu den dummen zählt er: »Jugend und Gesundheit sind machbar. Erfolg ist planbar. Reichtum ist lernbar.« (Als dazugehörige, allseits bekannte Prediger nennt er Ulrich Strunz, Jürgen Höller

---

11 Michael Mary: Die Glückslüge. Vom Glauben an die Machbarkeit des Lebens. Bergisch-Gladbach: Lübbe 2003, S. 19ff.

12 Ebenda, S. 23.

und Bodo Schäfer.)¹³ Die drei intelligenten Machbarkeitslügen versprechen: »Jeder Mensch gestaltet seine Welt selbst. Du hast die Wahl, dein Wille entscheidet. Du hast dein Glück in der Hand.« (Mit diesen Heilsversprechen sind u.a. Namen wie Paul Watzlawick oder Mihaly Csikszentmihalyi verbunden.)¹⁴

Während die dummen Machbarkeitslügen, nicht zuletzt wegen ihrer stupiden Glorifizierung des Reichtums und seiner Gleichsetzung mit Glück und Erfüllung, rasch ihre innere Hohlheit und somit Unhaltbarkeit offenbaren, sind die intelligenten raffinierter aufgebaut, haben – im Gegensatz zum simplen Pragmatismus der plumpen Glücksverkünder – eine differenzierte erkenntnistheoretische Grundlage, die man genauer betrachten muss, um die Fehlschlüsse zu erkennen, was Mary auch tut. So zeigt er etwa, dass die Annahme der Konstruktivisten, der Mensch erschaffe sich seine eigene Welt, in dieser apodiktischen Form überzogen und somit falsch ist. Denn sinnvoll »erscheint dem Menschen stets nur das, was er in ihm bekannte Zusammenhänge unterbringen kann. Diese Zusammenhänge kann er aber nicht nach Bedarf ›erfinden‹ oder spontan ›erschaffen‹. Er bringt sie mit.«¹⁵ Wir können uns und unsere Wirklichkeit daher – wie es ein reduziertes Verständnis von Konstruktivismus nahelegt – nicht selbst erschaffen, sondern: »Unsere Wahrnehmung der Wirklichkeit ist im Zusammenhang mit der Kultur, der Gesellschaft, der Familie, den Freunden und Partnern entstanden, und nur in Verbindung mit diesen Bedingungen ist sie veränderbar. Wahrnehmungsfilter können nicht gewechselt werden wie ein Hemd oder eine Sonnenbrille. [...] Das Gerede der angeblich selbst geschaffenen Wirklichkeit, die man auch selbst beliebig

---

13 Mary 2003, S. 53.
14 Ebenda, S. 103.
15 Ebenda, S. 108f.

verändern könne [...], kann nur als Primitiv-Konstruktivismus angesehen werden und als Missbrauch der Wissenschaft.«[16]

Veränderung ist möglich, das konzediert auch Mary, aber nicht, indem wir uns einfach umprogrammieren, wie das manche Machbarkeitspriester und Willensfetischisten predigen. Auch Wissen alleine, und sei es noch so elaboriert, ist, im Vergleich zu »gefühlter Erfahrung«, ein zu schwaches Instrument, um das komplexe System menschlichen Verhaltens nachhaltig zu beeinflussen. »Es ist ein Werkzeug des Verstandes, der vieles versteht und dennoch an der Bindungskraft der einmal eingegrabenen Lebenserfahrung wenig ändern kann.«[17] Bezug nehmend auf den Gehirnforscher Gerhard Roth und dessen Erkenntnisse, veranschlagt Mary den Anteil des Unbewussten, der für unsere Entscheidungen verantwortlich ist, als sehr hoch. So wie etwa der Zen-Buddhismus hält auch Roth – und mit ihm Mary – das frei und willentlich entscheidende »Ich« für eine Fiktion: »Unser bewusstes Ich [...] gleicht einem Regierungssprecher, der Dinge interpretieren und legitimieren muss, deren Gründe und Hintergründe er gar nicht kennt.«[18]

Auch Versuche, unser Unbewusstes mittels Techniken wie »positivem Denken« oder »neurolinguistischem Programmieren« zu beeinflussen und zu lenken, erteilt Mary eine Absage. Alle diese Methoden gehen an der menschlichen Realität vorbei, indem sie die Rolle der gefühlten Erfahrung unterschätzen. »Gefühle machen die Gesamterfahrung des Menschen deutlich, sie sind konzentrierte Erinnerungen und zugleich Handlungsanleitungen.«[19] Daher schlägt Mary für die meisten Problemsituationen des Lebens folgendes Vorgehen vor: »Denken Sie, außer wenn es um Kleinigkeiten geht, nicht in Lösungen, denken Sie

16 Gerhard Roth hier zit. n.: Mary 2003, S. 121.
17 Ebenda, S. 117.
18 Ebenda, S. 131.
19 Ebenda, S. 165.

in Entwicklungen.«[20] Als prozessorientierter Psychologe sieht Mary die Ansätze zu (zumindest vorübergehenden) Lösungen im jeweilgen Problem selbst versteckt, weshalb er – im Gegensatz zu Glückspriestern und Positivdenkern – Krisen als Prozess begreift: »Krise bedeutet Wendepunkt. Eine Krise ist daher kein Problem, sondern eine Prozesseinleitung.«[21] Und er plädiert für Gelassenheit – sie ist die wahre Alternative zum Machbarkeitswahn. Das wissen alle seriösen Psychotherapeuten – und auch lebenserfahrene Menschen, deren einige Michael Mary am Schluss seines Buches zitiert, dessen Fazit lautet, »dass das Leben und das eigene Verhalten sehr oft von unüberschaubaren inneren und unvorhersehbaren äußeren Zusammenhängen bestimmt sind; und dass wir vieles nicht wissen, nicht überblicken und nicht kontrollieren können. [...] Trotzdem kann man eine Menge tun. Man kann sich Lernbereitschaft, Neugierde und Offenheit gegenüber dem Leben und seinen spannenden Wendungen bewahren.«[22]

Diese Tugenden empfiehlt Mary auch im Umgang mit Partnerschaftsproblemen, seinem Hauptbetätigungsfeld, dem auch die meisten seiner erfolgreichen Bücher gewidmet sind, wie etwa *Mythos Liebe*[23], *5 Lügen die Liebe betreffend*[24] oder *Lebt die Liebe, die ihr habt*[25]. In allen diesen Büchern vertritt Mary die Ansicht, dass Beziehungen nicht, wie viele Liebesratgeber und Paartherapeuten behaupten und versprechen, willentlich geführt und kontrolliert werden können. Marys Ansicht und Erfahrung

---

20 Mary 2003, S. 239.
21 Ebenda, S. 241.
22 Ebenda, S. 256.
23 Michael Mary: Mythos Liebe. Bergisch-Gladbach: Lübbe 2004.
24 Michael Mary: 5 Lügen die Liebe betreffend. Hamburg: Hoffmann und Campe 2001.
25 Michael Mary: Lebt die Liebe, die ihr habt. Reinbek bei Hamburg: Rowohlt 2008.

nach regulieren sich Beziehungen weitgehend selbst, unabhängig vom Wollen der Beteiligten. Deshalb unterzieht Mary alle gängigen Konzepte einer kritischen Prüfung – und kommt zu dem Schluss, dass es sich dabei zumeist um Überforderungsprogramme handelt, die in der Realität nicht einlösbar sind. Er plädiert deswegen aber keineswegs für Fatalismus, immerhin ist er ja selbst Paarberater, sondern für einen anderen Ansatz beziehungsweise eine andere Perspektive. Und zwar regt er dazu an, Beziehungen als eine Art eigenständiges Wesen zu betrachten. Die Beziehungsperspektive »lenkt den Blick nicht auf die Wünsche der Partner, sondern auf die Beziehung, die zwischen ihnen entsteht«.[26] Auf diese Weise kann man aus den fatalen gegenseitigen Beschuldigungszirkeln herausfinden, die so viele Beziehungen belasten. Denn aus diesem Blickwinkel kann man erkennen, dass nicht nur die Partner Bedürfnisse haben, sondern auch eine Beziehung. »Man kann sogar sagen, jede Beziehung habe einen eigenen Willen, mit dem sie ihre Bedürfnisse durchsetzen will.«[27] Daher sieht Mary – wie in allen anderen Lebensbereichen – auch in Beziehungen Krisen als Entwicklungsmöglichkeit. »Eine Krise macht, obwohl sie schmerzhaft erlebt wird, positive Entwicklungen möglich: Indem sie die Wahrnehmung der Partner auf bestimmte, bisher nicht wahrgenommene Punkte und Entwicklungen lenkt, führt sie Veränderungen und Erneuerungen herbei.«[28]

Daher bemüht Mary für das vielfache und oftmalige Scheitern heutiger Beziehungen auch nicht die üblichen Erklärungsmuster, wie etwa den Individualisierungstrend oder einen gesteigerten Egoismus. »Nicht die Tatsache, dass heutzutage stark individualisierte Menschen Paarbeziehungen eingehen, führt zum Ende vieler Beziehungen. Vielmehr sind die hoffnungslose

26 Mary 2008, S. 15.
27 Mary 2004, S. 160.
28 Ebenda, S. 186.

Selbstüberschätzung dieser Individuen, die Märchen von den perfekten und rundum glücklichen Paaren und die grundfalsche Machbarkeitsidee, man könnte Beziehungen entlang der eigenen Bedürfnisse steuern und sie nach eigenen Vorstellungen gestalten, für das unnötige Ende vieler guter Beziehungen verantwortlich.«[29]

Für manche Menschen mag das ernüchternd oder sogar deprimierend klingen, ich hingegen finde es befreiend und ermunternd – und sehe in Marys unaufgeregter Klarheit, die wenig verspricht, aber viel (ent)hält, einen wesentlichen Grundzug heutiger Aufklärung eingelöst. Sein Appell, viel mehr auf Selbstregulation zu vertrauen und dem Leben neugierig, aber gelassen zu begegnen, ist auf erfrischende Weise abgeklärt.

Dass wir heutzutage in vielen Bereichen eher einer Ab- denn einer Aufklärung bedürfen, ist auch die Grundthese einer Soziologie, die mit nicht allzu großen Erwartungen auftrumpfen will. Einer ihrer diesbezüglich nobelsten Vertreter war der Frankfurter Soziologe Karl Otto Hondrich (1937–2007). Ihm habe ich mehr an gesellschaftlichen Einsichten zu verdanken als jedem anderen Sozialwissenschafter. Dabei bin ich ihm und seinen Schriften während meines Soziologiestudiums gar nie begegnet. Das lag wohl daran, dass Hondrich, obwohl viele Jahre Professor an der Goethe Universität Frankfurt am Main, ein unprofessoraler Soziologe war, der kein Lehrbuchwissen vermittelte, sondern höchst anschauliche und praktikable Erkenntnisse. Sein bevorzugtes Genre war der Essayismus, in dem er seinen klaren, durch keinerlei dunklen Jargon getrübten soziologischen Blick kultivierte. Hondrichs Aufsätze erschienen regelmäßig in den großen deutschsprachigen Meinungsblättern und Magazinen, wie *Frankfurter Allgemeine Zeitung (FAZ), Spiegel, Neuer Zürcher*

---

29 Mary 2008, S. 17.

Zeitung (NZZ) und *Merkur*. Viele dieser Essays sind erst danach in Bänden der renommierten Edition Suhrkamp erschienen.[30] »Es ist Hondrichs Verdienst, dass er durch seinen Wissenschaftsjournalismus mit dazu beigetragen hat, der Soziologie in der ›Realität der Massenmedien‹ den Platz zu verschaffen, der ihr neben den andern Fachdisziplinen zukommt und den sie in der deutschen Öffentlichkeit nur unzulänglich eingenommen hatte.«[31]

Dabei war es Hondrichs Hauptanliegen, zu zeigen, dass viele der über Massenmedien kolportierten Sichtweisen auf soziale Tatbestände und Problemlagen unzutreffend sind. Nicht aus Provokationslust oder Freude am Widerspruch und an Unorthodoxie korrigierte Hondrich beliebte Stereotype, sondern aus nüchternem Erkenntnisinteresse. Aber er wusste um die Zähigkeit verfestigter (Vor-)Urteile: »Eher allerdings geht ein Kamel durch ein Nadelöhr, als dass eine beliebte Alltagstheorie sich vom empirischen Augenschein oder logischen Argument Lügen strafen ließe.«[32] Trotzdem ließ Hondrich nicht locker, argumentierte in luzider Weise gegen die eingefahrenen Wahrnehmungsweisen und verkündete mitunter, wie etwa beim Thema der zukünftigen Altersvorsorge aufgrund des Geburtenrückgangs, überraschend bestimmt: »Denn wie viele Probleme, die im Zentrum des öffentlichen Interesses stehen, existiert es nicht; genauer: Es ist längst gelöst.« In diesem Fall heißt die Lösung laut Hondrich »Produktivitätsfortschritt«: »Dank steigender Produktivität können immer weniger aktive Jüngere immer mehr Ältere durchfüt-

---

30 Karl Otto Hondrich: Der Neue Mensch. Frankfurt/M.: Suhrkamp 2001. Ders.: Wieder Krieg. Frankfurt/M.: Suhrkamp 2002. Ders.: Enthüllung und Entrüstung. Frankfurt/M.: Suhrkamp 2003. Ders.: Liebe in den Zeiten der Weltgesellschaft. Frankfurt/M.: Suhrkamp 2004.
31 Gerhard Preyer in: Ders. (Hg.): Neuer Mensch und kollektive Identität in der Kommunikationsgesellschaft. Wiesbaden: Verlag für Sozialwissenschaften 2009, S. 15.
32 Karl Otto Hondrich in: FAZ, 11.09.2002.

tern, sogar bei steigendem Lebensstandard für alle. Was immer die Verknappung von Jugend an Problemen nach sich zieht: Ökonomischer Art sind sie nicht.«[33] Ähnlich entschieden trat Hondrich der vor allem in Soziologenkreisen beliebten These von der Individualisierung, die alle gesellschaftlichen Bereiche durchdringe und soziale Bindungen auflöse, entgegen. Natürlich gebe es einen Trend zur Individualisierung, aber der setze keineswegs die kollektiven Bindungskräfte außer Kraft – eher im Gegenteil: Manche würden dadurch sogar wieder gestärkt, wie etwa die innerfamiliären Bindungen über die Generationen hinweg, seit die frei gewählten (Liebes-)Beziehungen in der Gegenwart oftmals scheitern. »Wer nur auf Individualisierung setzt, oder nur auf Gemeinschaftsbildung, verkennt den dualen Charakter des sozialen Lebens. Er hat eine halbierte, eine ideologisch halbierte Sicht der Wirklichkeit.«[34]

Wie individualistisch oder gen-optimiert der »Neue Mensch« sich auch immer empfinden mag, er entkommt den elementaren Prozessen des sozialen Lebens nicht, wie Hondrich auf schlüssige Weise zeigt. Er unterscheidet fünf elementare Prozesse, die für ihn so etwas wie Naturgesetze des Sozialen darstellen. »Es ist das Bleibende, das alle menschlichen Beziehungen durchzieht, von der Herkunft über das Heute bis in die Zukunft. Und es ist etwas, was alle Menschen teilen [...]«[35] Es sind dies die Prozesse des Erwiderns beziehungsweise Austauschens, des Wertens, des Teilens, des Offenbarens/Verbergens und des Bestimmens. Sie sind immerzu und überall präsent, stellen das Innenleben jeder sozialen Beziehung dar. Hondrich, der sich in seinen letzten Lebensjahren intensiv mit diesen »fünf Gesetzen« oder – wie es seine Frau, die Übersetzerin und Autorin Dörthe Kaiser, gerne

---

33 Karl Otto Hondrich in: FAZ, 13.02.1999.

34 Karl Otto Hondrich in: Tarifautonomie – Informationsgesellschaft – Globale Wirtschaft. Köln: Wirtschaftsverlag Bachem 1997, S. 51.

35 Karl Otto Hondrich in: Merkur 719/2009, S. 292.

ausdrückt – »The Big Five« beschäftigte, hatte begonnen, ein Buch darüber zu schreiben, das er aber leider nicht mehr vollenden konnte. Dafür hat es Hondrich, der im Januar 2007 einem Krebsleiden erlag, in seinen letzten Lebensmonaten dank unglaublicher Zähigkeit und Konzentration noch geschafft, eine andere Buchpublikation fertigzustellen: »Weniger sind mehr. Warum der Geburtenrückgang ein Glücksfall für unsere Gesellschaft ist.«[36] Darin zeigt der versierte soziale Spurenleser, wiederum gegen die landläufige Meinungslage und das gängige Problembewusstsein, dass es sich dabei um gar kein Problem handelt – und es schon gar nicht mittels moralischer Appelle und politischer Steuerungsmechanismen lösbar ist. Gerade der Geburtenrückgang, der eng mit der Entwicklung allgemeinen Wohlstandes zusammenhängt, ist ein Paradefall für die Selbststeuerung sozialer Systeme. Hondrich war generell skeptisch, was die intendierte, also bewusste Verbesserung der Gesellschaft durch politische Gestaltungsmittel betraf, aber in diesem Falle hielt er die politische Einflussnahme für besonders unzulänglich. Sie kann, davon war er überzeugt und belegte es auch argumentativ und empirisch, einen derart komplexen Vorgang nicht lenken, weder in die eine noch in die andere Richtung. Sie kann bestenfalls aus den Folgen lernen. Auch das war eine von Hondrichs tieferen Erkenntnissen: Wir lernen nicht aus Vorsätzen, sondern aus Folgen. Politische Systeme, also auch die Demokratie, sind Versuch-Irrtum-Lerner.

»Auf die Inhalte kommt es dabei nicht so sehr an. Wichtig ist, dass alle Ziele und ihre Verwirklichungsversuche rechtzeitig durch einen Gegenversuch revidiert werden können. [...] Im Denkschema meiner fünf Elementarprozesse: Demokratie defi-

---

36 Karl Otto Hondrich: Weniger sind mehr. Warum der Geburtenrückgang ein Glücksfall für unsere Gesellschaft ist. Frankfurt/M.: Campus 2007.

niert sich weniger durch Werten und/oder Teilhaben, sondern durch Erwidern: Position, Opposition, Revision.«[37]

Diese Haltung brachte dem Frankfurter Soziologen öfters den Ruf eines Konservativen und Status-Quo-Bewahrers ein, was aber eine falsche, weil unzutreffende Zuordnung ist. Tatsächlich stellt sein »soziologisches Werk einen bleibenden Beitrag zur Tradition einer politisch unvoreingenommenen soziologischen Aufklärung dar [...]«[38]

Auch mich hat Karl Otto Hondrich, den ich persönlich kennen lernen durfte, in gewissem Sinne aufgeklärt. Er hat mit seiner ruhigen, klaren Art und seiner überzeugenden Darstellungsweise mein Vertrauen in den soziologischen Blick wieder gestärkt – etwas, was ein knapp fünfjähriges Studium nicht schaffte, sondern eher hintertrieb. Also jene Perspektive, die (wie Marys Beziehungsperspektive) nicht auf einzelne Menschen schaut, sondern auf die Beziehungen zwischen ihnen. Und auf tiefer liegende kollektive Gefühle, die so manche Bewegung an der sozialen Oberfläche erst verständlich werden lassen.

Auch wenn Hondrich die Rolle der Massenmedien bei der Verfertigung von Stereotypen und allzu einfachen Erklärungsmustern sehr genau sah, war er dennoch weit davon entfernt, Medien generell zu verurteilen oder für soziale Missstände und Missinterpretationen verantwortlich zu machen. Nicht nur nutzte er – ebenso wie Pollmer und Mary – die Massenmedien als Transportmittel für seine eigenen Ansichten (eine unter Soziologen nicht übliche Vorgangsweise), er sprach sie auch von den Hauptvorwürfen, die öffentlich gegen sie erhoben werden, frei: einerseits von ihrer angeblich ursächlichen Rolle bei der Herstellung von Gewalt (»Allen Klagen über die ›Übermedialisierung‹ zum Trotz: Die Medien stellen nur einen verschwindend

---

37 Karl Otto Hondrich in: Merkur 719/2009, S. 287.
38 Preyer 2009, S. 14.

kleinen Ausschnitt der Gesamtgewalt dar [...]«[39]), andererseits von der ebenso verbreiteten Vorstellung, sie reiße die Menschen aus ihren Bindungen heraus: »Die Massenmedien zerstören das Gemeinschaftsleben nicht, sondern werden von ihm in Dienst gestellt und unterliegen dabei einer faszinierenden Dialektik von Gemeinschaftsbildung und Individualisierung [...]«[40]

Diese Dialektik fasziniert mich – als Journalist und Soziologe gleichermaßen – bis auf den heutigen Tag. Die Augen dafür hat mir freilich erst Karl Otto Hondrich so richtig geöffnet. Daher halte ich sie – nicht zuletzt in dankbarer Erinnerung an sein Werk – auch weiterhin weit offen.

---

39 Karl Otto Hondrich in: FAZ, 11.09.2002.
40 Karl Otto Hondrich in: Spiegel 18/1999.

URSCHREI UND KOMANTSCHEN

Plädoyer für österreichische Sportreporter

»Ein Sportjournalist ist ein Mann, der Ihnen am Samstag erzählt, welche Mannschaft am Sonntag gewinnen wird, und Ihnen am Montag klarmacht, warum sie verloren hat.« (Dieter Chmelar)[1]

»Auf einmal hat er sich hundert Jahre alt gefühlt, oder so, wie man sich fühlt, wenn man am nächsten Tag krank wird, oder man geht spazieren, und aus einem offenen Fenster kommt die Stimme eines österreichischen Sportreporters heraus, praktisch totale Depression.« (Wolf Haas)[2]

Mir geht es anders als dem Protagonisten in Wolf Haas' Roman *Wie die Tiere*. Ich verspüre, wenn ich österreichische Sportreporter höre, keine Depression, sondern zumeist ein angenehmes, wohliges Gefühl. Das hat vermutlich damit zu tun, dass ich in meiner Jugend selbst Sportreporter werden wollte. Es war mein sehnlichster Berufswunsch. Ich habe auch schon früh damit begonnen, Sportberichte zu verfassen, bin bei diversen Übertragungen vor dem Fernseher gesessen, habe oft – bei abgestelltem Ton – selbst mitkommentiert und danach Berichte und Glossen in ein Notizbuch oder auf lose Zettel geschrieben. Die gesam-

1 Dieter Chmelar in: Josef Strabl (Hg.): Wir Sportreporter. 100 Jahre österreichische Sportpresse. Wien: Österreichischer Bundesverlag 1980, S. 146.
2 Wolf Haas: Wie die Tiere. Roman. Reinbek bei Hamburg: Rowohlt 2001, S. 99.

melten – zuerst handschriftlich, dann mit Reiseschreibmaschine verfassten – Texte sind fast einen halben Meter hoch. (»G. S. berichtet aus Montreal«, »[...] Wimbledon« oder »[...] vom Kitzbüheler Hahnenkammrennen«, schrieb ich kühn phantasierend in die Autorenzeile, obwohl ich das Wohnzimmer praktisch nie verließ.)

Auch wenn ich später kein Sportreporter geworden bin – abgesehen von ein paar einschlägigen Essays und Glossen, die ich in Beilagen und Magazinen veröffentlicht habe –, hat sich in mir doch eine empathische Nähe zu dieser Profession erhalten. Deshalb vermag ich nicht in den lautstarken Chor jener Kritiker einzustimmen, welche die österreichischen Sportreporter für deren gelegentliche Inkompetenz verurteilen. Das ist ja – sowohl in privaten TV-Runden wie in manchen Zeitungen – längst zu einer Art Volkssport geworden. Die Reporter gelten vielen als ahnungslose Idioten, als »Vorschluchzer des Hurrapatriotismus« und »wortschatzmäßig herausgeforderte Stammler hinter den Mikrophonen«[3]. Das stimmt zwar manchmal, trotzdem empfinde ich solche Pauschalkritik als ungerechtfertigt. Das hat freilich weniger sachliche denn emotionale Gründe. Durch meine frühe Identifikation mit der Branche fühle ich mich ihr immer noch verbunden – und von der Kritik an ihr daher persönlich getroffen. Aus letztlich unerfüllt gebliebener Liebe zum Sportjournalismus neige ich zu dessen Idealisierung. Auch wenn ich mich in meinem Roman *Zweiter Durchgang*, der aus der Sicht eines Sportreporters erzählt wird, bemüht habe, einen weniger nostalgischen, sondern eher realistischen und differenzierten Blick auf dieses Gewerbe zu werfen.

---

3   Armin Thurnher: Das Trauma, ein Leben. Österreichische Einzelheiten. Wien: Zsolnay 1999, S. 11ff.

Trotzdem: Sportübertragungen – besonders von alpinen Skirennen – führen mich bis heute in meine Kindheit zurück, vermitteln mir ein heimeliges, heimatliches Gefühl. Und die Stimmen der Kommentatoren sind eine Art Soundtrack dazu – eine sentimentale Tonspur. Deshalb sind es vor allem die in die Jahre gekommenen, bereits pensionierten Reporter, wie etwa Sigi Bergmann, Robert Seeger oder Heinz Prüller, die ich – trotz all ihrer sonstigen Mankos wie übertriebenen Patriotismus (Seeger), Pathos (Bergmann) oder Sprechdurchfall (Prüller) – immer noch gerne höre. Sie haben sich schon frühzeitig in meinem Gehör und Gedächtnis eingenistet, dort, wo kritikloses Wohlgefallen herrscht, jenseits aller spöttischen Töne. Ihre Stimmen besänftigen mich, auch wenn sie haarsträubenden Unsinn verkünden, auf eine lieb gewordene, schnurrende Art – wie ein zutraulicher Kater. Jedes Wiederhören bringt eine Membran zum Schwingen, erzeugt ein inneres Echo. Ihre Stimmen sprechen dann in gewisser Weise aus mir heraus. Das ist das Ergebnis einer umfassend gelungenen, fast schon totalitären Mediensozialisation in den frühen Siebzigerjahren. Bei heutigen, jüngeren Reportern, die ich fachlich oft besser finde und sprachlich meist gewandter und witziger als die alten Recken, bin ich kritischer. Denn die haben sich noch nicht nachhaltig in meinem Unterbewusstsein festgesetzt.

Lange Zeit konnte man sich ein Formel-1-Rennen ohne den Kommentar von Heinz Prüller gar nicht vorstellen. Bis es dann 2009 plötzlich so weit war, als der ORF den Vertrag mit dem legendären Reporter nicht mehr verlängerte. Mehr als dreißig Jahre hatte uns seine Stimme Runde um Runde begleitet, war »zu einem akustischen Synonym für die Formel 1 geworden« (Gerhard Berger). Auch wenn sich manche über seine Versprecher und »Hoppalas« – »Noch 68 von 42 Runden zu fahren« – lustig machten, etwa in dem Buch *Diese Kurve ist sehr eckig* von Didier

Mortibella und Geraldo de la Pereza⁴, so ist der mit Anekdoten, Statistiken und Zahlen aller Art Vertraute eine internationale Kultfigur geworden, mit Fanklubs nicht nur in Österreich, sondern auch in Deutschland und der Schweiz. Und er galt stets als einer der Anständigsten in der gesamten Branche, wie schon sein Kollege Edi Finger, ein weiterer Kultreporter, wusste: »Prüller, der Star, ist das Gegenstück zu den vielen Starlets der Branche [...] Er ist gut, ohne dies mittels schmutziger Tricks verdeutlichen zu müssen. [...] Prüller ist eine menschgewordene Reiseschreibmaschine. Seine Familie ist die Formel 1. [...] Sein Vater starb früh, und fortan war er der Familienerhalter. Sein Bruder wurde ein tüchtiger Journalist in Tirol, auch seine Schwester ist berufstätig – für beider Ausbildung kam Heinz Prüller auf, ohne darob in lautes Geschrei auszubrechen.«⁵

Über den 1989 verstorbenen »Ingenieur« Edi Finger hat man hingegen nicht immer nur Anständiges gehört. Dafür hat der Radioreporter für den legendärsten Aufschrei im österreichischen Rundfunk gesorgt: »I wear narrisch [...]«, 1978 beim legendären 3:2-Sieg Österreichs gegen Deutschland im argentinischen Cordoba hechelnd hervorgestoßen. Dabei wollte Finger das Spiel eigentlich gar nicht kommentieren. Nach dem demoralisierenden 1:5, das die österreichische Mannschaft im Spiel zuvor gegen Holland hatte einstecken müssen, war gegen den damals regierenden Weltmeister aus Deutschland eine weitere Schlappe zu erwarten. Und eine solche zu kommentieren, gelüstete es Edi Finger wenig. Aber sein Unmut nützte ihm nichts, denn die Kollegen bestanden darauf, dass der Chef höchstpersönlich vor dem Mikro sitzen müsse. Also fügte er sich darein ...

4   Didier Mortibella, Geraldo de la Pereza: Diese Kurve ist sehr eckig. Die besten Formel-1-Sprüche von Heinz Prüller. Wien: Döcker 2000.

5   Edi Finger: ... I wear narrisch! Mein Leben hinter den Kulissen des internationalen Sports. Wien, München: Jugend & Volk 1988, S. 313.

Eine besonders österreichische Note an dem Cordoba-Urschrei hat übrigens Robert Löffler, der »Telemax« der *Kronen-Zeitung*, entdeckt: Nach dem Aufschrei fügte Finger nämlich noch hinzu: »Wir fallen einander um den Hals, der Kollege Riepl, der Diplomingenieur Posch – wir busseln uns ab.« »Telemax« grübelte daraufhin feingeistig darüber, wie man selbst in einem solchen Augenblick höchster Ekstase so sehr Österreicher bleiben könne, dass man den Titel des Kollegen nicht hinzuzufügen vergisst.[6]

Die Zeiten der klassischen Radio-Übertragungen von Fußballspielen und Skirennen, für die in den Pioniertagen des Mediums, neben und vor Finger, Männer wie Willy Schmieger oder Heribert Meisel standen, sind längst vorbei. Übrig geblieben ist das Duo Adi & Edi, bestehend aus Adi Niederkorn und Edi Finger jun., das seit der Kitzbühler Hahnenkamm-Abfahrt 1999 Skirennen und Fußballspiele in Doppel-Conference überträgt – manchmal witzig, meist nervig. »Eine Zeit lang praktizierten wir die Schenkeltechnik. Immer, wenn der eine dem anderen auf die Schenkel griff, hat der andere gewusst, dass er was sagen möchte«, erläutert der Sohn von Edi Finger – »Ich heiß Junior, so lange ich lebe, dabei bleibts!« – die Kommunikationsstrategien des Duos.[7]

Doch auch wenn mir (aus genannten Gründen) Sportreporter – egal, ob alt gedient oder frisch gefangen – nahezu alles erzählen dürfen, gibt es zumindest eine Sportreporterfrage, die auch mich auf die Palme bringt: »Wie fühlen Sie sich?«

Das darf man Sportler heutzutage nicht mehr fragen, egal, wo und wann. Doch es passiert nach wie vor häufig. Nicht alle

---

6 Finger 1988, S. 174.
7 Kurier, 04.04.1999.

Sportler reagieren darauf so spontan und geistesgegenwärtig wie der Schwimmer Markus Rogan. Als er bei den Olympischen Spielen 2004 in Athen nach einem Wettkampf ausgepumpt aus dem Bassin stieg und von einem ORF-Reporter die obligate Frage gestellt bekam, entgegnete er: »Eine sehr gute Frage, wie sind Sie darauf gekommen?« Markus Rogan später über diese ungewöhnliche Reaktion: »Ich hätte ganz banal antworten können: ›Ich fühle mich fantastisch-bombastisch, kann's gar nicht fassen, es war ein unglaubliches Gefühl, da hin und her zu schwimmen!‹, aber das wäre ein bisserl fad gewesen. Ich habe mir gedacht, jetzt spreche ich einmal nicht zu den Zuschauern und nicht zur Kamera, sondern zu dem Menschen, zum Reporter, der da drüben steht [...] Also habe ich nicht direkt geantwortet, sondern ihm eine Frage gestellt.«[8]

Angeblich wollte Rogan den Reporter weder »verarschen« noch ihm etwas zu Fleiß tun: »Ich wollte unser beider Leben leichter machen und nicht immer dasselbe Interview in Grün geben.« Bei aller Sympathie für die Schlagfertigkeit des Schwimmers empfinde ich – ähnlich wie der TV-Kritiker Guido Tartarotti – auch Sympathie für den armen Reporter, dessen Leben dadurch sicherlich nicht leichter wurde: »Der ORF-Mann, dessen Mikro Rogans sarkastische Pointe auffing, wird als Beispiel für angewandte Reporter-Unintelligenz zum Verspotten freigegeben. Dass es sich dabei um einen seriösen, begeisterten Journalisten handelt, interessiert niemanden. Was würden Sie einen Sportler fragen, der abgehetzt vom Rennen kommt, und es bleibt gerade Zeit für eine schnelle Wortspende im Vorbeigehen? ›Herr Rogan, könnten Sie unseren Zuschauern die Feinheiten Ihrer Technik [...] erklären?‹ Oder: ›Wieso ist Schwimmen weniger

---

[8] Falter 38/2004.

gut vermarktbar als Fußball?' Oder: ‚Herr Rogan, wo kommen wir her, wo gehen wir hin?'«[9]

Zeitungsjournalisten haben es in dieser Hinsicht leichter. Dem legendären Ski-Reporter der *Kronen-Zeitung*, Karl »Charly« Pointner, reichten im Zielraum zwei Wörter, um aus den Läufern das herauszubekommen, was er von ihnen hören wollte: »Wos is'?«

Pointner: »Was hätte ich sonst fragen sollen? Beim Fernsehen müssen sie sich g'scheite Fragen überlegen, da hören ja alle zu. Aber was ich wissen wollte, war eh klar. Manchmal hab' ich im Ziel auch nur einfach um die so genannte Wortspende gebeten.«[10]

Obwohl Sportreporter, wie erwähnt, oft heftig in der Kritik stehen und öffentlicher Häme preisgegeben sind, ist ihr Beruf einer der begehrtesten und gilt auch heute noch für viele als Traumjob. Nach wie vor stoßen die meisten aber eher zufällig dazu, stolpern irgendwie in das Metier hinein, obwohl es seit einigen Jahren eine universitäre Sportjournalismus-Ausbildung in Österreich gibt. So bietet die Universität Salzburg zweijährige Lehrgänge an, die man als »akademischer Sportjournalist« abschließen kann. Der ehemalige Sport-Chef der *Presse*, Josef Metzger, äußerte sich dazu eher skeptisch: »Man kann Journalismus an der Universität systematisch lehren. Aber jemand, der das wirkliche journalistische Feeling nicht hat, wird es an der Uni nie kriegen. Journalist ist ein Begabungsberuf. Es rennen viel zu viele dem Beruf nach, die keine Eignung dafür haben.«[11]

9   Kurier, 25.08.2004.
10 Der Standard, 22.12.2003.
11 Josef Metzger in: Matthias Mödl: Sportjournalisten in Österreich – Zur Qualifikation und zum Berufsbild von fest angestellten Sportjournalisten bei den großen Wiener Tageszeitungen. Dipl. Univ. Göttingen 2003, Anhang 10.

Für Metzger ist sportliches Wissen das Um und Auf dieses Berufs: »Ein Journalist muss wie ein Doktor der gesamten Heilkunde die breite Basis haben, er muss wissen, worum es geht – in jeder Sportart von A bis Z.« Auch Jürgen Preusser, Sport-Chef des *Kurier*, betont, wie wichtig eine Mischung aus Wissen und Pragmatismus ist: »Hohe Schulbildung, Crashkurs, kaltes Wasser; das wäre die ideale Ausbildung. Ich glaube nicht, dass ein Studium unbedingt erforderlich ist. Sportinteresse und Sportwissen sind aber natürlich Grundvoraussetzung.«[12]

Als Pionier der Branche gilt bis heute Victor Silberer, der mit der *Allgemeinen Sportzeitung* ab 1880 die erste – wöchentlich erscheinende – Sportzeitung in Österreich herausgab. Der 1846 in Wien geborene Schlossherr und Angehörige des k. k. Reichsrats und Multifunktionär war zuerst Turner, später ein erfolgreicher (acht Jahre in Österreich-Ungarn ungeschlagener) Ruderer, Pferdebesitzer, Begründer des Verbands der Trabrennvereine und schließlich noch Aeronaut, der die Ballon- und Luftschifffahrt im Habsburgerreich popularisierte. Bereits als 17-Jähriger schrieb Silberer »für die in Leipzig erscheinende *Deutsche Turn-Zeitung* geradezu Aufsehen erregende Artikel. Und schrieb, nein hämmerte schon damals an jedem Satz im Sinne dessen, was auch heute noch Gültigkeit hat: An jeder Zeile feilen wie an einer Bildsäule.«[13]

Die *Allgemeine Sportzeitung* erschien das erste Mal am 1. Juli 1880. »Die Bezeichnung ›allgemein‹ ordnete der *Allgemeinen Sportzeitung* ein eindeutiges Programm zu. Sie sollte alle Sportarten berücksichtigen, die um 1880 auf dem Kontinent betrieben wurden. Die erste Ausgabe umfasste [...] die Themen Rennen,

---

12 Mödl 2003, Anhang 8.
13 Walter Gibbs in: Strabl 1980, S. 3.

Traben, Rudern, Segeln, Schwimmen, Fischen, Jagd, Schießen, Gymnastik, Schlittschuhlaufen, Billard, Schach, Theater, Personalien, Briefkasten und Inserate.«[14]

Silberer, der bis Ende 1918 die Herausgeberschaft der Zeitung innehatte (und 1924 in Wien verstarb), erkannte »frühzeitig die Probleme, die besonders beim Schreiben von Artikeln über den Sport zu beachten waren. Er verlangte von den Berichterstattern die Verwendung einer einwandfreien und klar verständlichen Sprache.«[15] »In seiner Redaktion hing der kategorische Imperativ für die Redakteure: ›Schreiben Sie alles stets so, dass es auch die Mehlspeisköchin versteht, wenn sie es liest.‹«[16]

Einfach und verständlich zu schreiben muss allerdings nicht automatisch phraseologisch bedeuten. Auf diesen Unterschied wird in den Sportteilen der meisten Zeitungen heute auffallend wenig Wert gelegt. Dass es auch anders geht, beweist etwa der *Standard* (dessen Herausgeber anfänglich glaubte, auf Sportberichterstattung überhaupt verzichten zu können), indem er versucht, die Tradition des Wiener Sport-Feuilletons fortzusetzen. Vor allem in Johann Skocek, der bis 2004 Sport-Ressortleiter bei dem lachsrosa Blatt war und seither als freier Autor (unter anderem für *Presse*, *Falter* und *Datum*) tätig ist, kann man durchaus einen Wiedergänger der sprachbewussten sowie sport- und medienkritischen Journalisten früherer Tage sehen.

Unvergessen, wie Skocek etwa die Blamage von Landskrona, wo Österreichs Fußballteam 1990 den Faröer-Inseln 0:1 unterlag, im Stil einer nordischen Sage nacherzählte. Dergleichen liest man in Österreich selten, wobei die Art, wie der *Standard* sich ans Sportgeschehen heranmacht, nämlich quasi von der Seitenlinie her, im Lauf der Zeit doch ein wenig Schule gemacht hat. So

---

14 Mödl 2003, S. 5.
15 Mödl 2003, S. 12.
16 Martin Maier in: Strabl 1980, S. 1.

ist etwa der *Kurier* mittlerweile augenfällig darum bemüht, seine Sportberichterstattung ebenfalls jenseits der üblichen Stereotype von Metern und Sekunden anzusiedeln (und hat in Wolfgang Winheim seit vielen Jahren einen sprachlich gewandten und verlässlichen Sportglossisten und mit Rainer Fleckl den »Journalisten des Jahres 2007«, zu welchem der »Aufdecker«, u.a. von Dopingaffären und den krummen Geschäften des einstigen Sturm-Graz-Präsidenten Hannes Kartnig, vom Branchenblatt *Der Journalist* gekürt wurde).

Johann Skocek hat freilich nicht nur Freunde. Seine mitunter beißende Kritik an Sportlern, Funktionären und dem in Österreich so beliebten »Verhabert-Sein« hat ihm neben Klagen auch schon handfeste Reaktionen eingebracht. So wurde der Journalist 2001 vom einstigen Austria- und Teamtorhüter Franz Wohlfahrt, den Skocek mehrfach kritisiert hatte, im VIP-Club des Wiener Stadions körperlich insultiert. Die Affäre wirbelte viel Staub auf, wurde aber schließlich mit einer Entschuldigung und Ehrenerklärung Wohlfahrts halbwegs anständig aus der Welt geschafft. Und 2010 wurde Skocek eine angebliche Unvereinbarkeit im Zusammenhang mit einer ÖOC-Publikation unterstellt, was jedenfalls weit hergeholt schien.[17]

Skocek nahm sich auch weiterhin kein Blatt vor den Mund, indem er etwa die gesamte Branche kritisierte: »Es gibt praktisch keine Distanz mehr. Das hat persönliche Gründe, weil man den Menschen unweigerlich nahekommt, wenn man sich Jahr und Tag mit ihnen beschäftigt. Das hat aber auch strukturelle und finanzielle Gründe: Viele Medienunternehmen sind mit den Mannschaften oder Personen, über die sie berichten, wirtschaftlich verbunden. [...] Der Sportjournalismus hat sich in den letzten zehn, 15 Jahren radikal gewandelt. Der Sport ist ein

---

17 Siehe dazu Falter 28/2010.

Instrument geworden, das dafür in die Pflicht genommen wird, dass der ORF Einschaltquoten erfüllt.«[18]

Diese Kritik leuchtet mir sachlich vollkommen ein, lässt meine kindliche Sympathie zu den Sportreportern aber trotzdem nahezu unversehrt. (Obwohl ich mittlerweile doch froh bin, keiner geworden zu sein.) Was mich mehr stört als die strukturellen und finanziellen Verflechtungen von Sport- und Medienunternehmen, ist die schleichende Unterwanderung des Sportjournalismus durch – Sportler! Man kann heutzutage ja kaum noch eine Zeitung aufschlagen, ohne dass darin ein ehemaliger Athlet das Sportgeschehen in meist sehr einfachen Worten, simplen An- und Absichten kommentiert. Manche, wie etwa Hans Krankl oder Toni Polster, nutzen ihre Glossen (die sie natürlich nicht selbst schreiben, sondern von Ghostwritern, oder nennen wir sie treffender journalistische Lohnsklaven, verfassen lassen) schamlos für Eigen(be)werbung und Rachefeldzüge gegen unliebsame Spieler, Trainer, Funktionäre etc.

»Fachlich« sind solche Meinungsäußerungen oft völlig unerheblich – und zeigen nur, dass ehemalige Sportler keineswegs »naturgemäß« über mehr Fach- und Detailwissen verfügen als Sportjournalisten. Der mediale Konkurrenzkampf hat dazu geführt, dass fast jede Zeitung sich mittlerweile einige Sport-»Promis« hält, um mit »Meinungen aus erster Hand« (die dann doch nur zweitklassig sind) aufwarten zu können. Mir ist jeder kundige, halbwegs sprachbewusste Sportjournalist lieber als ein lediglich bekannter, dafür in erwartbaren Klischees und Stereotypen radebrechender Ex-Sportler. Ausnahmen, wie eine Zeit lang die Leichtathletin Stefanie Graf im *Kurier* oder Armin Assinger als Ski-Co-Kommentator im ORF, bestätigen nur die Regel.

---

18 Falter 47/2001.

Apropos Assinger: Der ehemalige Kärntner Abfahrtsläufer und nunmehrige Moderator der ORF-*Millionenshow* ist in mehrerlei Hinsicht eine Ausnahmeerscheinung. Auch wenn einem sein carinthisch geprägtes Idiom auf die Nerven geht (und das passiert außerhalb Kärntens vielen und oft) und man seine Dauerpräsenz im heimischen (Werbe-)Fernsehen für mittlerweile übertrieben hält, muss man dem flotten Mundwerksburschen doch eine enorme sprachliche Kreativität und Schlagfertigkeit konzedieren. Assinger hat, vor allem als langjähriger Co-Kommentator an der Seite von (dem mittlerweile pensionierten und nicht einmal halb so lustigen) Robert Seeger bei alpinen Skirennen, ein höchst unkonventionelles Vokabular entwickelt, das mitunter fast ans Kabarettistische grenzt. Kuriose sprachliche Neuschöpfungen sprudeln bei diesem gelernten Gendarmen aus Hermagor schneller hervor als bei manchem gelernten Reporter die Ansagen der Zwischenzeiten. Der *Falter* hat zu Beginn der TV-Übertragungstätigkeit des Kärntners, der mit vier Weltcupsiegen eine eher unterdurchschnittliche Karriere für einen ÖSV-Läufer hingelegt hatte, ein »Armin-Assinger-Lexikon« mit dessen gängigsten Sprüchen samt Übersetzung zusammengestellt. Ein paar Kostproben daraus:

> »›Ins Netz einegschindert‹ – knapp;
> ›Muffnsausen‹ – Angst;
> ›federt mit an ornlichen Zupf eine‹ – fährt mit einem ordentlichen Zug in die Kurve;
> ›ausgspatzt‹ – ausgehoben;
> ›der is laut heute‹ – der will's heute wissen;
> ›do wird' er spitzig‹ – da fährt er zu direkt;
> ›Querulainen‹ – Läufer, der die Ski querstellt;
> ›Lass die Komantschen pfeif'n‹ – Fahr schnell«.[19]

19 Zit. n. Falter 4/1998, S. 10; siehe auch: Armin Assinger: Wo die Komantschen pfeif'n ... Auf der Fährte eines Skirennläufers. Klosterneuburg: Norka 1997.

Alle diese Sprüche hat Assinger nach wie vor im Repertoire, erweitert und ergänzt sie aber regelmäßig mit aus dem Stegreif geborenen Neologismen. So habe ich mir etwa den Ausspruch »[...] kan Nockler, kan Zaser [...]« notiert, den Assinger spontan hervorjauchzte, als ihn die mustergültige Fahrt eines Rennläufers begeisterte.

Am Beispiel Assinger zeigt sich auch ein wesentlicher Unterschied zwischen österreichischem und deutschem Fernsehen. Während es bei den Deutschen vorwiegend Sportmoderatoren sind, die als Talk- oder Showmaster Karriere machen, etwa Reinhold Beckmann, Günter Jauch und Johannes B. Kerner (kein österreichischer Sportreporter hat je ein politisches Magazin oder eine Talkshow moderiert, abgesehen von Dieter Seefranz, der in den späten Siebzigerjahren als *Club 2*-Gastgeber fungierte), sind es in Österreich eher Sportler, die zu TV-Showstars avancieren. Neben Assinger ist das vor allem bei Hansi Hinterseer evident, der vom Slalomläufer zum erfolgreichen Schlagersänger wurde. Als gelegentlicher Co-Kommentator bei Skirennen ist er mit seinen zünftig-krachledernen Expertisen allerdings deutlich weniger unterhaltsam als Assinger. Hans Orsolics und Hans Krankl waren kurzzeitig als Sänger in den Hitparaden –Toni Polster und Andreas Goldberger erwiesen sich als veritable »Dancing Stars«.

Weniger als Sänger denn als Kommentator kann man sich als Normalsterblicher beim so genannten »Kicker-Karaoke« versuchen, das in einigen Wiener Lokalen angeboten wird. Zu Aufzeichnungen von Fußballspielen dürfen dort Amateure ihre Stimme erheben: »[...] sollte ein Kandidat das Publikum nicht ausreichend amüsieren, kann er durch einen Schlag mit dem Gong vom Mikrofon gezerrt werden. Und weil Kritisieren, ohne es selbst besser zu machen, bekanntlich feige ist, muss der

Gongschläger als Nächster auf den heißen Stuhl. Zusätzliche Motivation: Jeder Moderator wird mit einem Freigetränk belohnt [...]«[20]

Wer Pech hat, muss sich nach seinem Einsatz die unangenehme Frage stellen lassen: »Wie fühlen Sie sich?«

---

20 Die Presse, 10.05.2005.

AUS DEM RING GEWORFEN

Die Geschichte eines ungeschriebenen Catcher-Romans

»Gute Bücher brauchen keine Handlung. Wer Handlung braucht, soll zum Catchen gehen.«
(Harry Rowohlt)[1]

Mein Catcher wäre gesund geblieben. Zumindest halbwegs. Herzinfarkt hätte er jedenfalls keinen erlitten, so wie Randy »The Ram« Robinson, die Titelfigur in Darren Aronofskys preisgekröntem Film *The Wrestler*, dargestellt vom grandios ramponierten Mickey Rourke. Meiner – Namen hatte ich für ihn noch keinen gefunden (vielleicht wäre es Paul »der Bomber« Pluch geworden) – hätte die unzähligen Ringschlachten, die er schon hinter sich gebracht hat, mit »lediglich« chronischer Arthritis überstanden, und allerlei dumpfen Beschwerden, dem natürlichen somatischen Nachhall bei einem derart körperbetonten Showsport, wie es Wrestling, das ich altmodisch Catchen genannt hätte, nun einmal ist. Er hätte auch nicht schmerzlich unter dem Ende seiner Karriere gelitten, weil es nicht so abrupt erfolgt wäre wie bei »The Ram«, den es nach seinem Infarkt buchstäblich aus dem Ring katapultiert. Mein Catcher wäre, zwar mit Wehmut im Herzen und Schrammen an der Kämpferseele, doch eher in Würde gealtert – eine Möglichkeit, die der Film für dieses Milieu nicht einmal in Erwägung zieht. Meiner, der Zeit seiner Catcherlaufbahn mehr auf massige Korpulenz

---

[1] In: 5plus 01/2010, S. 35.

denn auf muskulöse Kraft gesetzt hätte (natürliches Resultat seiner körperlichen Veranlagung, die zum Kompakt-Fülligen neigte, doch seine Muskeln hätte er natürlich trotzdem trainieren müssen), würde – mehr oder weniger mit sich selbst im Reinen – seinen Lebensabend in einem Altersheim für lang gediente Sportler verbringen, einer sozialen städtischen Einrichtung, vermutlich in Wien.

Er hätte mit seinem Schicksal, nur mehr ein ehemaliger Prominenter zu sein, auch deswegen weniger gehadert, da er seelisch ausgeglichener und geistig »reifer« gewesen wäre als sein filmischer Kumpan. Kein Wunder bei einem »philosophischen Kopf«, als den ich mir meinen abgetretenen Ringerhelden vorstellte. Als einen, der das (Schau-)Spiel Gut gegen Böse, das im Seilgeviert allabendlich gegeben wird, nicht nur über Jahrzehnte getrieben (und zwar meistens als Bösewicht), sondern es auch ausreichend reflektiert hätte. Sein Credo hätte gelautet, dass nur derjenige in der Lage sei, einen Bösewicht überzeugend zu spielen, der die Inszenierung durchschaut hat und deren innere Dramaturgie kennt, auch in all ihren historischen und geistesgeschichtlichen Dimensionen. Er wäre also, wie unschwer zu erkennen, eine ambivalente Figur geworden: ein catchender Fiesling, aber ein scharfer Denker. Ob er auch ein – im moralischen Sinne – guter Mensch geworden wäre, hätte ich wahrscheinlich offen gelassen; solches zu behaupten, schafft leicht eine holzschnittartige Legende, wirkt aufgesetzt und unglaubwürdig. Aber die innere Spannung so einer Doppelrolle beziehungsweise -existenz hätte mich zugegebenermaßen gereizt, das lustvoll kalkulierte Bösesein eines an sich gutmütigen, harmlosen Menschen. Diese gegensätzliche Kombination soll es ja nicht nur im Kampfsport geben ... (Freud und dessen Epigonen sahen die psychische Disposition dazu grundsätzlich in jedem Menschen angelegt).

Aber es sollte nicht sein; denn er, mein Catcher, sollte nicht geboren werden. Er bestieg niemals den Ring, kämpfte keine Sekunde lang, blieb ein ungeborenes Geschöpf meiner Phantasie. Denn just, als sich sein Geburtstermin näherte (wobei er, wunderbare Welt der Literatur, gleich als alter Mann ihr Licht erblickt hätte), stand plötzlich dieser andere Ringer breitbeinig und -schultrig im Rampenlicht, Randy »The Ram« Robinson. Zwar ist auch er nur ein Geschöpf der Phantasie, aber halt nicht meiner, und überdies sehr leibhaftig und ansehnlich ausgestattet mit dem Körper des Schauspielers Mickey Rourke, der dieser Kunstfigur eines Drehbuchautors und Filmregisseurs imposantes Leben verlieh.

Es war der Tag der Preisverleihung bei den Filmfestspielen von Venedig 2008, als ich erstmals von der Existenz von *The Wrestler* erfuhr, der dort als »bester Film« ausgezeichnet wurde. Als ich davon hörte beziehungsweise las, traf es mich wie ein Schlag, wie eine unerwartete, gemein hinterrücks angesetzte Sprungattacke, die mich auf die Bretter warf und niederstreckte. Denn die Handlung von *The Wrestler* – das filmische Porträt eines in die Jahre gekommenen Catchers – war meiner Roman-Grundidee – einem literarischen Porträt eines in die Jahre gekommenen Catchers – verblüffend ähnlich, um nicht zu sagen: ident mit ihr. Es hätte zwar, wie gesagt, auch manche Unterschiede gegeben, regionale und lebensgeschichtliche Abweichungen, aber die Übereinstimmungen hätten wohl überwogen. Denn selbst wenn ich meinen »Bomber«, bleiben wir bei diesem »Kampfnamen« (den ihm sein mächtiger Bauch eingebracht hätte – und die Taktik, die Gegner in die Ringecke zu wuchten und ihnen dort mit mehreren Anläufen und »bauchigen Bombardements« die Luft zu rauben), wenn ich ihn also in Wien verortet hätte, wären die lokalen Rituale des Catchens, etwa am »Heumarkt«, keineswegs grundlegend anders gewesen als im Wrestling-Paradies USA.

Natürlich wäre meine Geschichte auch eine Hommage an das legendäre Freistilringer-Turnier am Platz des Wiener Eislaufvereins geworden, wo über viele Jahre hinweg jeden Sommer die starken Männer aufmarschierten und sich mehrere Wochen lang um den internationalen »Catch Grand Prix« balgten. Eine traditionsreiche Veranstaltung, die erst 1997 in einem von der Stadt angesetzten steuerlichen Würgegriff verendete. Am Heumarkt waren die Ringer freilich nur ein Teil der Attraktion – der andere, ihnen mindestens ebenbürtig und ebenso wichtig, war das Publikum: eine eingeschworene, leicht erregbare und lautstarke Fangemeinde, aus der vor allem die Frauen mit erstaunlich deftigem Vokabular und obszönen Ausdrücken hervorstachen. Ein Nistplatz für alle Arten von Vorurteilen, ein »Bodensatz« jener Sprache, die Doderer »Wiener Urschleim« genannt hat. All die herrlichen Unflätigkeiten und kernigen Zurufe – »Karli, schlitz eam auf«, »Stich eine in den Germknedl« (das hätte wohl meinem »Bomber« gegolten) oder »Ziag eam die Vurhaut über die Glotzn« – hätten das akustische Lokalkolorit meiner Geschichte abgegeben, in den (wie bei allen Ringern äußerlich malträtierten) Ohren meines Helden nostalgisch nachklingend – und von ihm gerne vollmundig rezitiert.

Mein Roman wäre auch eine Fundgrube für allerlei Anekdoten geworden, die mit dem Heumarkt-Turnier in Verbindung gestanden wären – teils fiktiv, teils real. Denn ich wäre dabei an einigen realen Personen, also Catchern, nicht vorbeigekommen. Sicher nicht an »Schurl« Blemenschütz, dem Heumarkt-Pionier und langjährigen Veranstalter des Turniers, und wohl auch nicht an Otto Wanz (»Big Otto«), der zentralen Figur der letzten Heumarkt-Jahre. Von diesem fülligen Grazer, der auch in den USA erfolgreich rang und Weltrekorde im Telefonbuchzerreißen aufstellte, wäre wahrscheinlich einiges auf meinen »Bomber« übergegangen – von der kugeligen Gestalt über die Kampfstrategie (dem »bauchigen Bombardement« in der Ringecke) bis zu den internationalen Erfolgen. Aber mein Paul wäre eben ein »Böser« gewesen, kein »Guter«, wie es der Publikumsliebling Wanz – zumindest in Österreich – stets war. (In den USA galt er hingegen als einer der »most hated« Wrestler.) Aber mir schwebte trotz mancher Anleihen kein literarisch verklausuliertes Wanz-Porträt vor. An »Big Otto« hätte ich mich – trotz seiner massigen Präsenz im heimischen Ringkampfsport – schon irgendwie vorbeigeschrieben. Ich hätte mich vielleicht da und dort am als »staatenlos« auftretenden Hannoveraner Catcher Klaus Kauroff angelehnt, einem bei den Wienern besonders beliebten »Bösewicht«, den sie wegen seiner Vollglatze gerne zärtlich »Eierschädel« riefen.

Wenn es um die Darstellung, ja Inszenierung des perfekten, abgrundtiefen »Bösen« gegangen wäre – und darum wäre es mir, wie gesagt, ganz besonders gegangen –, dann wäre ich um einen Ringer aber ganz sicher nicht herumgekommen: um René Lasartesse, den Meister der Heimtücke und Hinterlist. Wo immer der große, schon frühzeitig weißhaarige Franzose auftrat (und er tat es auf der ganzen Welt), war er in ein bodenlanges, schwarzsamtenes Cape gehüllt und provozierte durch demonstrative Verachtung Gegner und Publikum gleichermaßen. Der Mann war die personifizierte Antipathie. Und auch sein gefürchtet brutaler Kampfstil steckte voller gemeiner und hinterfotziger Tricks, mit denen er seine Gegner zermürbte und die Fans gegen sich aufbrachte. An Lasartesse, der mit bürgerlichem Namen Probst hieß und aus der Schweiz stammte, wäre ich nicht nur ob seiner Catcherqualitäten nicht vorbeigekommen, und seiner souverän und virtuos angewandten Form von Bösartigkeit, sondern vor allem deswegen nicht, weil er sie – darin ganz meiner Vorstellung von Reflexion entsprechend – außerdem sehr anschaulich beschrieben hat. Lasartesse hat nämlich ein Buch veröffentlicht beziehungsweise veröffentlichen lassen (wobei ein Frankfurter Journalist sein »Sprachrohr« war), in dem er von seiner langen und erfolgreichen Karriere erzählt und einen so interessanten wie spannenden Einblick in Metier und Milieu der Ringer gewährt, samt der Verfertigung von Charaktermasken.² Er schildert darin, wie aus dem gebildeten und friedfertigen Herrn Probst in der Kabine, knapp vor dem Kampf, das Scheusal Lasartesse wird – gewissermaßen eine Jekyll/Hyde-Verwandlung, die bei dem Catcher aber ganz bewusst vonstatten geht, gewollt und regelmäßig, Abend für Abend, Vorstellung für Vorstellung. Lasartesse spielte, wie er in seinen Memoiren freizügig und überzeugend darlegt, diesen Bösewicht nicht nur – er war im Ring auch einer, natürlich im Rahmen der intern geltenden Regeln (die etwa besagen, dass der Gegner nicht verletzt werden darf, was freilich manchmal trotzdem passiert). Er konnte sich in seine Rolle buchstäblich hineinsteigern. Und nach dem Kampf problemlos aus ihr aussteigen. Diese Spielart der Mimesis hat mich immer fasziniert, und ich hätte sie in die Gestaltung meines Ringerhelden sicher einfließen lassen. Es wäre eventuell eine heikle Angelegenheit geworden, hart an der Plagiatsgrenze, aber dieses Risiko wäre ich eingegangen (mit Quellenangabe des literarischen Vorbilds). Nein, die Lasartesse-Memoiren hätten mich – im Gegensatz zum *Wrestler*-Film – von der Verfassung meines eigenen Manuskripts weder abgeschreckt noch abgehalten. Sie erschienen mir vielmehr als eine Informationsquelle. Wer kannte dieses Buch schon? Wer erinnerte sich noch daran? Bestenfalls ein paar Insider. (Außerdem ist es, was mich vielleicht zusätzlich animiert hätte, nicht besonders gut geschrieben.) Der Film hingegen steht meinem Projekt nicht nur wegen seines großen internationalen Erfolgs im Weg, er ist auch aufgrund seiner eindrücklichen Bildlichkeit, seiner ikonografischen Präsenz, eine ganz andere Konkurrenz. Gegen diese grellen, überwältigenden Bilder eines heruntergekommenen Wrestlers, wie ihn Mickey Rourke (dar-

2 Andreas Matlé: Lasartesse. Erinnerungen eines Catch-Weltmeisters. Bern: Zytglogge 1991.

in seinem eigenen Abstieg folgend) gekonnt darstellt, haben Worte wenig Chancen. An diesem Film kann man sich weder vorbeischwindeln noch vorbeischreiben, er ist ein übermächtiger Gegner. Ich hätte gewissermaßen gegen ihn anschreiben müssen, da seine Bilder auch meine Phantasie kolonialisiert hätten. Ich wäre quasi im *Schwitzkasten* von *The Wrestler* gesteckt. Keine angenehme Lage. Da klopfe ich doch lieber, in der Manier aufgabebereiter Catcher, dreimal ab – und gebe w.o.

Die Idee zu meiner Geschichte kam mir übrigens im Traum. Ich war zu jener Zeit gerade mit den Recherchen für eine andere Buchidee befasst, die sich aber als langwieriger erwiesen, als ursprünglich angenommen. Da sagte mir eines Nachts eine Stimme im Traum (vermutlich meine eigene, ich kann mich aber nicht mehr genau erinnern): »Warum schreibst du nicht eine Geschichte über einen Catcher? Das wäre doch näher liegender und einfacher!« Recht hatte sie, die Stimme, wie ich am nächsten Tag, als ich mich an diese Traumsequenz erinnerte, zur eigenen Verblüffung feststellte. »Näherliegend« wäre dieses Sujet deswegen, weil ich mich bereits in mehreren Artikeln damit beschäftigt hatte. Vor allem ein Aufsatz für eine Literaturzeitschrift, in dem ich mich als einstiger Aficionado des Catchens outete, hatte unerwartet positives Echo gefunden.[3] Es schien, als passte das Thema zu mir. »Einfacher« wäre es gewesen, weil diese Erzählung weniger Recherchen bedurft hätte. Ich hatte ja bereits einiges Material beisammen, und meine Leidenschaft für die Welt dieser ausgefuchsten Schmierenkomödien war noch nicht gänzlich erkaltet, auch wenn ich das aktuelle, zeitgenössische Wrestling-Geschehen kaum mehr aktiv verfolgte. Darum wäre es eben ein nostalgischer Rückblick geworden, eine Reprise.

---

3   Volltext 1/2005; auch enthalten in: Unwürdige Lektüren. Was Autoren heimlich lesen. München: SchirmerGraf 2008.

Aber egal, seit »Ram« Rourke in den großen, hohen Ringerstiefeln heranstürmte, hat es sich ausgeträumt für mich. Ich denke, ich habe den Wink, der eigentlich mehr einem brutalen Unterarmschlag ähnelt, schon verstanden. Bevor ich meinen Paul, von dessen bombiger Kampfeskraft nicht mehr viel übrig ist, in einen ungleichen Kampf schicke, den er nur verlieren kann, ziehe ich sein Antreten im literarischen Ring zurück, lasse ihn lieber in einem Altersheim ruhig sein Lebensende erwarten, lasse ihn die Reste seines einstmals stattlichen Bäuchleins pflegen (denn Kraftnahrung bekommt er dort keine mehr) und mit einer einstigen Fechteuropameisterin flirten, einer aparten alten Dame. Die beiden könnten noch ein ansehnliches Paar werden. Jenseits von Gut und Böse.

P. S. Ein Zeitschriften-Verleger und Freund, dem ich diesen Aufsatz zeigte, wollte mich, weil ihn meine darin geäußerten Vorbehalte nicht überzeugten, zur Abfassung des Romans überreden. Dass ein Film den Stoff und die Imagination eines Autors erdrückte, passte ihm, dem Verleger, gar nicht – und erschien ihm als kein gutes Omen »für die gegenwärtige und mutmaßlich künftige Funktion und Rezeption von Literatur«. Außerdem – diesen Hinweis fand ich echt rührend – erinnerte er sich (und mich) daran, dass Daniel Kehlmann mit seinem Roman *Die Vermessung der Welt* bereits halb fertig war, als Hans-Magnus Enzensberger und der damalige Greno-Verlag mit ihrem Humboldt-Buch herauskamen – und Kehlmann fürchten musste, mit seinem Unternehmen unterzugehen. Als sein Buch ein Jahr später erschien, konnte sich aber »keine Sau mehr daran erinnern, dass es zwölf Monate vorher schon einmal einen Humboldt-Rummel gegeben hat«, so der Verleger. Und Kehlmanns Roman war ja nicht gerade ein Flop ...

Ich blieb trotzdem bei meinem »Njet«, obwohl mir die verlegerischen Argumente durchaus respektabel, ja überzeugend erschienen. Ich hatte mich aber inzwischen schon zu sehr mit der »kleinen Form« angefreundet, als dass ich mich nochmals auf ein längeres Schreibprojekt einlassen wollte. Der ungeboren gebliebene Catcher Pluch möge es mir verzeihen. Immerhin ist ihm so manches erspart geblieben.

WASSERRATTEN UND LANDAFFEN

Wie ich ins Schwimmen eintauchte –
und mein Schreiben verflüssigte

Bei einem Sommerfest des Deuticke-Verlags lief ich dem Hanser-Verleger Michael Krüger über den Weg. »Wo kommen Sie denn her?«, fragte er mich, als er meinen Rucksack sah, den ich mit mir herumschleppte. »Vom Schwimmen«, entgegnete ich wahrheitsgemäß. »Schriftsteller schwimmen nicht, sondern schreiben«, beschied er mir brüsk und ging weiter (zum Buffet). Recht hat er, dachte ich mir (und natürlich auch: So eine Frechheit!), und ging in diesem Sommer weiterhin schwimmen. Und schrieb nichts.

Über die verlegerische Zurechtweisung tröstete ich mich damit hinweg, dass Krüger möglicherweise deswegen ein gespanntes Verhältnis zum Schwimmen hat, weil – wie man aus seiner Rede zum 75. Geburtstag des Hanser-Verlags erfahren konnte – die Verlagskonferenzen im ehemaligen Schwimmbad des Verlagsgründers, Carl Hanser, abgehalten werden. Daraus wollte er freilich nicht die Anmaßung abgeleitet wissen, »über Wasser gehen zu können, sondern dass es uns erlaubt wurde, Flüssiges in Festes zu überführen – um die eine immer noch gültige Definition der Verlegerei zu bemühen«.[1]

Flüssiges in Festes überführen – diese (Al-)Chemie rechtfertigt einen quasi natürlichen Gegensatz, ein verlegerisches Um-

---

1 Michael Krüger: Literatur als Lebensmittel. München: Sanssouci 2008, S. 235.

wandlungsprinzip, das auch für Schriftsteller gelten kann: Worte statt Wasser. Schreiben statt Schwimmen. Wie das eine aus dem anderen hervorgeht, ja hervorsprudelt, zeigt der deutsche Schriftsteller John von Düffel seit vielen Jahren auf exemplarische Art und Weise. *Vom Wasser*[2] heißt sein Debütroman, eine ausladende Hommage an das flüssige Element. Und in seinem Buchessay *Schwimmen*[3] erzählt der Langstreckenschwimmer von seiner Passion. Seinen Stil als extrem flüssig zu bezeichnen, verbietet sich lediglich aus allzu naheliegenden, metaphorischen Gründen, obgleich die Diktion dieses Autors damit sehr anschaulich und treffend beschrieben wäre. Mehr noch als sein Stil zeigt jedoch die Vielfalt der Betrachtungsweisen, die von Düffel dieser zur Eintönigkeit neigenden Sportart abgewinnt, welch gute Schule das Schwimmen gerade für Schriftsteller sein kann.

Zeitökonomisch zwar im Widerstreit stehend – denn während man schwimmt, könnte man ja auch schreiben –, ergänzen sich beide Aktivitäten durchaus, wie ich mittlerweile weiß. Ich hatte mich einige Monate, aus denen schließlich ein ganzes Jahr wurde, von meiner Redaktionstätigkeit beurlauben lassen, um etwas zu schreiben. Daraus wurde vorerst nichts, weil meine Kreativität nicht so recht in Schwung kommen wollte. Also ging ich wieder baden, statt zu schreiben, und aus der projektierten Schreib- wurde zuerst einmal eine Wasserzeit: Ich schwamm, wann und wo immer ich konnte: in der Alten und der Neuen Donau, in Kärntner Seen, im adriatischen Meer, in Frei- und Hallenbädern da wie dort. Seit ich eine Thrombose-Erkrankung im Bein erlitten habe, betreibe ich diesen Sport regelmäßig. Denn ich merkte bald, wie gut die Bewegung im Wasser nicht nur meinem lädierten Bein, sondern meinem gesamten Körper

---

2 John von Düffel: Vom Wasser. Köln: Dumont 1998.
3 John von Düffel: Schwimmen. München: dtv 2000.

tut. Und auch dem Geist. Durch das Schwimmen wird der Kopf frei – und so fand ich allmählich doch ins Schreiben, tauchte sozusagen in das Meer der Wörter und Sätze ein. Und wenn ich nun über das Schwimmen schreibe, fließen diese beiden Tätigkeiten ganz organisch ineinander.

Man kann über diesen Sport freilich nicht viel mehr schreiben als das, was John von Düffel schon formuliert hat. So wie der Philosoph und Mathematiker Alfred North Whitehead die gesamte europäische Philosophiegeschichte bloß als Fußnoten zu Platon verstand, muss sich jeder Autor beim Thema Schwimmen mit Randbemerkungen zu von Düffel zufriedengeben. Auch beim Thema Brustschwimmen, das bei ihm allerdings schlecht wegkommt. Seine Begründung, warum er diese Fortbewegung für eine eher minderwertige hält, trifft mein Empfinden aber nur bedingt. Von Düffel meint, dass man dem Brustschwimmen noch die Urangst des Menschen vor dem Ertrinken anmerke. »Aus dieser Angst heraus strebt der Körper mit jedem Zug der Vertikalen zu. Der über das Wasser gehobene Kopf, die gereckten Schultern erinnern an die aufrechte Gangart an Land. [...] Brustschwimmen war für mich immer ein halbherziger Abschied vom Land, ein ängstliches Festhalten an dem Prinzip der vertikalen Gangart und der optischen Orientierung des Vorausschauens. [...] deshalb ist es auch so schwer, beim Brustschwimmen ganz im Wasser aufzugehen.«[4]

Ganz im Wasser aufgehen zu wollen ist freilich ein Anspruch, den ich mir bisher nie gestellt habe. Ich bin schon froh, wenn mich das Wasser halbwegs gnädig aufnimmt, mir nicht durch allzu tiefe oder hohe Temperaturen oder unangenehme Zusätze (etwa zu viel Chlor oder Algen) auf den Leib rückt. Im Übrigen verlasse ich das Wasser stets wieder gerne, wollte mich bei aller Liebe zu ihm noch nie gänzlich vom Land verabschieden. Ich

---

4   Von Düffel 2000, S. 52.

bin immer froh, wenn ich es wieder unter meinen schwimmermüdeten Beinen spüre. Die Vorwärtsblickrichtung empfinde ich nicht als störend. Eher im Gegenteil. Man sieht, wer oder was einem entgegenkommt (z. B. andere Schwimmer oder der Beckenrand). Außerdem mag ich die Bewegung beim Brustschwimmen, den doppelten Zug von Armen und Beinen: Da haben alle Extremitäten etwas zu tun, während beim Kraulen die Beinen ja nur öde paddeln. Manchmal fühle ich mich beim Brustschwimmen, wenn ich mit den Armen im Wasser kräftig aushole, wie Moses, der das Meer teilt. Beim Kraulen habe ich hingegen eher den Eindruck eines Raddampfers, der sich durchs Wasser fräst.

Außerdem ermüdet mich das Brustschwimmen von allen Disziplinen am wenigsten. Doch ich gebe zu, dass dieses oft recht hektisch wirkende Auf- und Abtauchen des Kopfes, verbunden mit hechelnden Atemzügen, nicht sehr elegant wirkt. Bei Wettbewerben erscheint mir daher das Brustschwimmen als die unattraktivste Disziplin. Die in wunderbaren Wellenbewegungen vorwärts schnellenden Delphin- oder Schmetterlingsschwimmer gefallen mir viel besser. Und die Krauler auch. Ich kraule ja selbst gerne, obwohl ich in diesem Schwimmstil nicht – wie John von Düffel – den Höhepunkt, gleichsam die Kommunion von Mensch und Wasser sehe. Für ihn heißt Kraulen »[...] ganz und gar im Wasser zu sein. Es heißt, nichts als Wasser und das Hervorsprudeln des eigenen Atems zu hören. Es heißt, bis auf einen kurzen Seitenblick beim Luftholen, nichts als Wasser zu sehen. Wer krault, bewegt sich in einer anderen Welt, er liefert sich dem Wasser auf Gnade oder Ungnade aus.«[5]

Man ist, das stimmt, beim Kraulen voll im Wasser integriert, doch das kann bald langweilig werden. Denn der Blick richtet sich nicht – wie beim Brustschwimmen – nach vorne, sondern

---

5 Von Düffel 2000, S. 51.

fällt nach unten, auf den Bassinboden, auf das oft öde Einerlei diverser Kachelmuster in Schwimmbädern. Nur beim Atemholen muss man den Kopf seitlich aus dem Wasser drehen – und bekommt dabei ein paar kurze Filmsequenzen der Ereignisse auf den Nebenbahnen zu sehen. Zum Beispiel, dass neben einem jemand anderer krault. Und schon wird man automatisch schneller, erhöht die Anzahl der Tempi. Ich finde ja, dass das Kraulen eine tiefe, instinktive sportliche Herausforderung in sich trägt. Kraulen ist das Wettschwimmen par excellence. So wie ich im Laufe meiner Schwimmjahre überhaupt erfahren musste, dass das vermeintlich ruhige, autonome, mitunter fast meditative Dahingleiten im Wasser zu enormer Konkurrenz und Aggression anstacheln kann. Wehe, einer kreuzt ungefragt meine Bahn! So viel Adrenalin schießt mir sonst nur selten ins Blut. Oder jemand schwimmt auf gleicher Höhe mit mir – und wird plötzlich schneller! Ich kann mich dann, auch wenn ich mich in einem schönen Rhythmus befinde, selten beherrschen und nehme diese indirekte Aufforderung zum Wettkampf meistens an. Vor allem, wenn es sich um Männer handelt. Doch auch wenn eine Frau ein höheres Tempo anschlägt, muss ich zumindest mithalten, besser noch: schneller sein. Ich komme mir dabei zwar lächerlich vor, aber ich kann nicht anders. Übrigens bin ich, wie ich aus Erfahrung weiß, keineswegs der Einzige, der sich im Wasser so verhält. Auch Revierdenken macht sich im Schwimmbad unangenehm breit. Denn hat man einmal eine Bahn besetzt, gibt man sie so schnell nicht wieder her. Und teilt man sie mit einem zweiten Schwimmer, verbündet man sich mit diesem sogleich gegen jeden Dritten, der dazu will. Nun, das sind wenig erhebende Reaktionen und Gefühle, aber ich bin sicher: Fast jeder Schwimmer kennt sie.

Es ist schon paradox: Da weicht man in einem bestimmten Alter den körperlich anstrengenden Wettkampfsportarten wie Fußball oder Tennis wegen der höheren Verletzungsgefahr aus und glaubt sich damit auch vom Drang zum allzu ehrgeizigen Kräftemessen zu verabschieden. Doch dann findet man sich beim Schwimmen in einem Haifischbecken voll mit archaischen Temperamenten und agonalen Stimuli wieder.

Als einmal jedoch der österreichische Paradeschwimmer Markus Rogan neben mir trainierte, ging mein sportlicher Ehrgeiz rasch in devote Ehrfurcht über. Gegen solch ein Kaliber versagten meine inneren Antriebskräfte. Ich wechselte sogar von der Rücken- in die Brustlage, weil ich mich in meiner schwächsten Disziplin nicht neben einem der Weltbesten blamieren wollte. Das Rückenschwimmen, oder genauer: das Rückenkraulen hat mir lange Zeit große Schwierigkeiten bereitet. Ich empfand diese Lage aus mehreren Gründen als unangenehm (und unnatürlich): Erstens sehe ich nicht, was hinter mir passiert – und muss zeitweilig den Kopf krampfhaft verdrehen, um einer etwaigen Kollision vorzubeugen. Zweitens neigt der Kopf in dieser Lage dazu, sich vorzurecken und die Nacken- und Halsmuskulatur zu verspannen. Denn ich will aus Orientierungsgründen gerne die Kontrolle über die zurückgelegte Strecke behalten, was aber nur schwer geht, wenn der Kopf halb unter Wasser ist, was freilich das Schwimmen erleichtern würde. In dieser Haltung mit ausgestrecktem Kopf kommt einem allerdings, drittens, leichter Wasser in die Ohren und – bei heftigen und schnellen Armzügen – auch in Nase und Mund, sodass man rasch ins Schnaufen, Husten und Spucken gerät. Viertens schließlich vergessen meine Beine mitunter auf das möglichst gleichmäßige Paddeln, sodass ich aus der Waagrechten allmählich in eine aufrechtere Haltung gerate, was die Balance im Wasser und somit das Fortkommen erschwert. Vielleicht ist es kein Zufall, dass John von Düffel das Rückenschwimmen völlig ignoriert ...

Mittlerweile habe ich, dank beharrlicher Übung, die Schwierigkeiten soweit im Griff, dass ich einige Längen leidlich am Rücken kraulend absolvieren kann, aber große Lust bereitet es mir nach wie vor nicht. Zur Erholung gönne ich mir dazwischen immer wieder das weniger anstrengende »klassische Rückenschwimmen«, bei dem man abwechselnd die Beine anzieht und abstößt und die Arme aus Schulterhöhe zügig Richtung Oberschenkel führt. So ähnlich funktioniert auch das so genannte »Seitenschwimmen«, das meine Großmutter mit großer Passion betrieben hat und das ich heute, wenn überhaupt, nur noch bei Senioren sehe. Ich habe eine gewisse Fertigkeit darin entwickelt und schwimme es gerne als eine Art »Zwischenlage«. Ich tauche dabei mit dem unter Wasser befindlichen Arm kräftig an, sodass ich auch seitlich relativ schnell bin. Es sieht trotzdem nicht besonders cool aus, wie ja dem Schwimmen generell – so es nicht Michael Phelps betreibt – wenig Glamourfaktor eignet.

Ich betreibe allerdings noch eine andere Sportart, an Land, die noch weniger Renommee besitzt, ja geradezu als der Inbegriff des Peinlichen gilt, nämlich Nordic Walken. Der Journalist Helmut A. Gansterer hat es in seiner Benimmfibel *Darf man per Em@il kondolieren?* als »optischen Umweltschmutz« denunziert und deswegen nicht nur Unter-40-Jährigen, sondern überhaupt allen Menschen »untersagt«.[6]

Früher habe ich auch darüber gespottet. Eine Rückentwicklung in der Evolution sei es, hatte ich in einem Artikel geschrieben, wenn man statt auf zwei wieder auf vier Beinen zu gehen versuche, als der Nordic-Walking-Boom auch bei uns ausbrach, und man plötzlich überall Menschen mit Stöcken in der Hand dahinwandern sah. In Umkehrung des berühmten Spruches »Die größten Kritiker der Elche waren früher selber welche« (der oft Robert Gernhardt zugeschrieben wird, tatsächlich aber vom Zeichner und Satiriker F. W. Bernstein stammt) habe ich mich mittlerweile aber selbst in einen begeisterten »Vierfüßler« verwandelt. Und das kam so: Während eines verregneten Urlaubs

---

6   Helmut A. Gansterer: Darf man per Em@il kondolieren? Wien: Pichler 2007.

auf einer kroatischen Insel wurde dort ein Nordic-Walking-Kurs angeboten. Da es nicht viele andere sportliche Möglichkeiten gab und ich solcherart immerhin meine Vorurteile überprüfen konnte, absolvierte ich den Kurs. Die Vorurteile waren bald verflogen, denn unter Anleitung eines kundigen Trainers erfuhr ich, dass nordisch walken nicht bedeutet, zwei Stöcke sinnlos in der Gegend spazieren zu führen, sondern sich dank geeigneter Technik schnell und Gelenke schonend fortzubewegen. Wichtiger war mir, dass es auch Spaß machte. Man schiebt sich quasi mit jedem »Armschritt« kräftig nach vorne und kommt so in ein neues, ungewohntes, aber sehr rhythmisches Bewegungsmuster, das ans Skilanglaufen erinnert. Das Unglaubliche daran ist: Die Arme übernehmen das Kommando (wie beim Kraulen), bestimmen Schnelligkeit und Schrittrhythmus der Beine. Es ist also doch – und ich betrachte das mittlerweile als Vorteil – eine Rückkehr zu einem evolutiv gelernten Muster, einer Art von Viergang, der aber nicht Rückschritt, sondern eine optimierte Synchronisation von Armen und Beinen bewirkt.

Seit diesem Urlaub besitze ich eigene Stöcke und gehe, nein, walke inzwischen mit großer Gelassenheit an spöttisch lächelnden Zeitgenossen vorüber. Ich weiß, dass diese Sportart nicht cool ist, daher sieht man auch kaum Jugendliche, die sie ausüben. Macht nichts, für mich ist sie in gewisser Weise doch cool, da ich mittels flotter Stockschritte manch überhitzte Emotion abkühle. Was mir aber auffällt – und da steigt meine Temperatur gleich wieder: Viele vorgebliche Nordic Walker schleifen die Stöcke nur mit, anstatt sie effektiv einzusetzen! Das sind – Evolution hin oder her – wirklich Affen.

MÄRCHEN FÜR ERWACHSENE
Über den Umgang mit sinnvollen Zufällen

»›Nur Kinder bestreiten den Zufall‹, sagt Puck. ›Schriftsteller ebenfalls‹, sagt Aaron. ›[...] die Literatur ist sinnstiftend und macht daher kurzen Prozess mit dem Zufall.‹« (Connie Palmen)[1]

»Der wirkliche Regisseur unseres Lebens ist der Zufall – ein Regisseur voll der Grausamkeit, der Barmherzigkeit und des bestrickenden Charmes!« (Pascal Mercier)[2]

»Zufall ist immer eine nicht durchschaute Gesetzmäßigkeit. Ist doch klar.« (Martin Walser)[3]

Vor vielen Jahren saß ich in einem Café in München, als die Tür aufging und ein Mann hereinkam, in dem ich – aufgrund von Statur und Frisur – den Schauspieler Erich Schleyer zu erkennen glaubte. Er war es aber nicht, wie ich alsbald feststellte. Wenige Minuten später kam tatsächlich Erich Schleyer ins Lokal. Solche Zufälle kennt fast jeder. Man denkt an jemanden – und kurz darauf ruft der- oder diejenige an oder taucht persönlich auf. Das ist zwar verwunderlich, aber selten dramatisch.

Der folgende Zufall aber, den ich in einem Flugzeug erlebte, ist schon eher dazu angetan, einem kurzzeitig den Atem zu nehmen, nicht nur wegen der luftigen Höhe, in der er sich

1 Connie Palmen: Luzifer. Aus dem Niederländischen von Hanni Ehlers. Zürich: Diogenes 2008, S. 213.
2 Pascal Mercier: Nachtzug nach Lissabon. Berlin: btb 2006, S. 109.
3 Die Zeit, 14.06.2007.

ereignete. Ich saß neben einem jungen Mädchen, das in einem Buch las. Nach mehrmaligem Hinschauen konnte ich den Titel erkennen: *Arc de Triomphe* von Erich Maria Remarque. Aha, interessant, dachte ich, denn dieses Buch kannte ich nicht. Dann vertiefte ich mich in meine Lektüre: *Der gelbe Onkel* von Andrea Grill, *Ein Familienalbum*, wie es im Untertitel und als Genrebezeichnung gleichermaßen heißt. Und stieß darin auf die Stelle: »Das Lieblingsbuch der Tante war seit zehn Jahren dasselbe. Seit zehn Jahren mochte sie ein einziges Buch und wurde es nie leid, darüber zu sprechen. *Arc de Triomphe* von E.M. Remarque war ihr Buch der Bücher ...«[4]

Ich weiß schon, dass sich auch solche Zufälle noch im Bereich der mathematischen Wahrscheinlichkeitstheorie befinden und zahlenmäßig – mit beeindruckend vielen Nullen – darstellen lassen. Der Mathematiker Rudolf Taschner rechnet in seinem Buch *Zahl. Zeit. Zufall*[5] einige spektakuläre Zufälle auf ihre trockene Wahrscheinlichkeit herunter. Trotzdem glaubt man in solchen Momenten nicht an den puren Zufall, sondern vermeint eine untergründige, nicht restlos erklärbare Verbindung zweier Ereignisse, in diesem Falle das fast gleichzeitige zweimalige Erscheinen eines Buchtitels, wahrzunehmen. »Koordinierte Ereignisse« hat der Schriftsteller Arthur Koestler, der sich intensiv mit den »Wurzeln des Zufalls« beschäftigte, derartige Phänomene genannt. Anders als der Biologe Paul Kammerer, der hinter solchen Zufällen ein »Gesetz der Serie« erkannt zu haben glaubte, und der Psychologe C. G. Jung, der darin eine akausale »Synchronizität« walten sah, wollte sich Koestler auf kein Prinzip festlegen, das diesen scheinbar sinnvollen Zufällen innewohnt, obwohl er einen inneren Zusammenhang vermutete. »Man könnte tat-

---

4 Andrea Grill: Der gelbe Onkel. Salzburg: Otto Müller 2005, S. 68f.
5 Rudolf Taschner: Zahl. Zeit. Zufall. Wien: ecowin 2007.

sächlich die Begriffe der ›Serialität‹ und ›Synchronizität‹ – mit ihrer Überbetonung der Zeitdimensionen – durch den unverbindlichen Ausdruck ›koordinierte Ereignisse‹ ersetzen. [...] Was ihnen Bedeutung verleiht, ist, dass sie den Eindruck erwecken, kausal verbunden zu sein, obwohl sie es nachweisbar nicht sind – es liegt also eine Art Pseudokausalität vor.«[6]

Über deren Herkunft oder Ursache äußerte Koestler nur vorsichtige Vermutungen, weil er sich nicht, wie Kammerer und Jung, in dem Widerspruch verfangen wollte, ein akausales Prinzip zu postulieren, welches dann mit pseudokausalen Begriffen erklärt werden sollte. Daher sprach er lediglich von einer »Art von psycho-magnetischem Feld«, in dem wir leben, »das koordinierte Ereignisse durch Methoden bewirkt, die mit den klassischen Denkweisen der Physik nicht erfassbar sind. Zweck und Wesen des ›psycho-magnetischen Feldes‹ sind uns unbekannt, aber wir fühlen, es hängt irgendwie mit jenem Streben nach einer höheren Ordnung und nach der Einheit in der Vielfalt zusammen [...]«[7]

Es hängt irgendwie zusammen – das klingt sehr vorsichtig, sehr tastend, sehr amorph, aber exakter wird man das Phänomen so genannter sinnvoller Zufälle nicht definieren können, will man nicht den Okkultismus eines esoterischen Weltbildes beschwören. Also bleibt man auf vage Vermutungen angewiesen, auf möglichst wenig rätselhafte Andeutungen – oder man lässt alle gekünstelten Erklärungsversuche weg und vertraut einfach der phänomenalen Präsenz und Dramaturgie von Zufallsgeschichten.

Ich, der ich seit vielen Jahren Zufallsgeschichten sammle und notiere, pendle zwischen diesen beiden Polen ständig hin

6 Arthur Koestler: Die Wurzeln des Zufalls. Frankfurt/M.: Suhrkamp 1974, S. 126.
7 Ebenda, S. 132.

und her. Einerseits gefällt mir der oft mit der Strahlkraft eines Blitzes oder der Wucht eines Donners einfallende Zufall, der für sich selbst steht – und in seiner Sinnhaftigkeit sogleich evident ist; andererseits grüble auch ich gerne über Erklärungsansätze der verschiedensten Art, um diese seltsamen Phänomene in ein verstehbares, rationales Wirklichkeitsprinzip einreihen zu können. Der Definition von Anatole France, wonach der Zufall ein Pseudonym Gottes sei, der selbst nicht unterschreiben wolle, kann ich außer einer gewissen poetischen Eleganz nur wenig abgewinnen. Sie ist mir buchstäblich zu hoch gegriffen, delegiert die »Erklärung« zu rasch und umweglos in die Sphäre eines Allmächtigen, wo es doch zwischen sinn-losem, nur den Naturgesetzen der Materie verhaftetem Wirken und einer den absoluten Sinn »verkörpernden« Göttlichkeit auch noch existenzielle, philosophische, wissenschaftliche Bereiche gibt, in denen der Zufall entstehen oder sich entwickeln könnte. Aber vielleicht leben wir ja wirklich, wie der deutsche Schriftsteller Wilhelm von Scholz (1874–1969) vermutete, ebenfalls ein Sammler von Zufallsgeschichten, in einer verkehrten Welt, in der die Rollen von Zufall und Kausalität vertauscht worden sind: »Während wir den Zufall als Unterbrechung kausaler Reihen auffassen, sei es in Wahrheit umgekehrt. Die Welt des Zufalls ist die eigentliche, die der Kausalität die abweichende. Ursprünglich sei das Netz bedeutsamer Beziehungen, das erst später durch Ereignisse kausaler Natur zerrissen wurde.«[8]

Das ist eine charmante Vorstellung, die einem Zufallssammler naturgemäß gefällt, da sie ihn zu einem ahnungsvollen Hüter einer wahren Welt erklärt, zu einem Bewahrer der eigentlichen Erkenntnis – aber mehr als einen kleinen Wonneschauer kann einem diese Vorstellung von einer romantisch verzauberten Welt

---

8 Henning Ritter in: FAZ, 07.04.2007; siehe auch Wilhelm von Scholz: Die Anziehungskraft des Bezüglichen. Der Zufall, eine Vorform des Schicksals. Stuttgart: Hädecke 1924.

mit auf den Kopf gestellten Prinzipien auch nicht verschaffen. Zu unwahrscheinlich (also doch wieder Wahrscheinlichkeitskalkulationen!) sind ihre Prämissen. Verkehrt herum betrachtet wird die Welt jedoch auch nicht sinnvoller. Das Entscheidende liegt, wie überall, irgendwo schräg dazwischen.

Aber was, wo und wie auch immer, eines muss ich zugeben: Wenn man sich von Koinzidenzen faszinieren lässt, will man in der Regel dahinter ein Geisterreich von Korrespondenzen, Verbindungen, Zusammenhängen vermuten und sich von Ahnungen verzaubern lassen. Zufallsgeschichten sind Märchen für Erwachsene. Irgendwo, irgendwie.

***

In einem Buch über Geheimbünde lese ich über den langjährigen Wiener Polizeipräsidenten Josef »Joschi« Holaubek. Am selben Tag komme ich am Josef-Holaubek-Platz vorbei. Wenige Wochen danach, als ich den Holaubek-Platz wiederum passiere (und mich an den früheren Zufall erinnere), fällt mir eine Zeitschrift mit der Überschrift »I bin's, dei Präsident« in die Hände – dem legendären Ausspruch Holaubeks, mit dem er einst einen Ausbrecher zur Aufgabe überredet hat ...

***

Am Nachmittag verändere ich beim Lektorat eines Zeitungsartikels den Ausdruck »Krachmandeln« auf »Kracher«. Am Abend lerne ich einen Herrn Kracher kennen.

***

In Hall in Tirol besuche ich mit einer Bekannten namens Doris die Diana-Bar. Knapp eine Woche danach beobachte ich im Hafen von Helsinki, wie das Ausflugsschiff »Doris« davonfährt; dahinter steht das Schiff »Diana«.

***

In einem Lokal bekleckere ich meine Hose mit Kren. Um den Fleck auszuwaschen, gehe ich auf die Toilette. Dort hängt ein Plakat des Künstlers Kurt Kren.

***

Vielleicht war es ja auch ein Zufall, der mir in meiner Tätigkeit als Redakteur der Feuilleton-Beilage *extra* der *Wiener Zeitung* im Jahre 2003 den Text eines Autors zuspielte, der sich mit sinnvollen Zufällen im Sport beschäftigte – und den ich veröffentlichte.[9] Der Artikel geht auf eine Reihe von Zufällen hauptsächlich im Autorenn- und im alpinen Skisport ein, da nach Ansicht und Erfahrung des Autors diese Sportveranstaltungen, was sinnvolle Zufälle anbelangt, »zu den ergiebigsten Quellen gehören«. Darunter finden sich wunderliche Zahlenserien, wie etwa Stephan Eberharters Gewinn von drei Weltcupkugeln in seinem 33. Lebensjahr am 13.03.2003, wobei der Endstand des Skiläufers im Gesamt-Weltcup 1.333 Punkte betrug. Hermann Maier sorgte ebenfalls für eine bemerkenswerte Koinzidenz, als er am 22.11.2003 bei einem Rennen in Park City exakt 2 Minuten, 22 Sekunden und 22 Hundertstelsekunden vom Start bis ins Ziel brauchte. Er trug dabei die Nummer 22.

Die Veröffentlichung dieses Artikels war der Beginn meiner Korrespondenz und Freundschaft mit dem Autor Peter Jungwirth. Wie sich alsbald herausstellte, befasst er sich schon seit

---

9 Peter Jungwirth: Synchronizität im Sport. In: Wiener Zeitung, 04./05.07.2003.

vielen Jahren mit dem Thema, indem auch er Zufallsgeschichten sammelt – und zwar intensiv. So umfasst etwa sein »Zufallsjournal« aus dem Jahr 2006 1.042 Einträge! (Ein Umstand, der ihm weitere Koinzidenzen eintrug, als er bemerkte, dass die von ihm – gerade zu der Zeit gelesene – Taschenbuchausgabe von *Moby Dick* 1.041 Seiten umfasst, während in seiner Ausgabe der Bibel das »Buch Jona« auf Seite 1.042 beginnt ...)

Diese penible Buchführung hat zur Folge, dass auf solch gut bestelltem Humus »wunderschöne Zufallsketten gedeihen können – und auch regelmäßig gedeihen« (aus einer unveröffentlichten Korrespondenz). Denn Peters Erfahrung zeigt, wie er in einem Beitrag für die Ö1-Radiosendung *Diagonal* ausführte, dass es Sinn ergibt, »wenn aus einzelnen Zufällen immer längere Zufallsketten entstehen [...] Und je mehr Zufälle man zusammenfügt, und je mehr man über die einzelnen Geschichten weiß, desto mehr Sinn scheint zu entstehen.«[10] Er folgt damit Arthur Koestlers Vergleich, dass die einzelnen Zufallsgeschichten, aus geeigneter Distanz betrachtet, wie die Punkte eines impressionistischen Gemäldes wirken können.

Seit nunmehr sechs Jahren führen wir eine intensive Mailkorrespondenz, in der wir uns über Zufallsgeschichten austauschen – und einander von den jeweils neuesten uns widerfahrenen Zufällen berichten. Das hat schon mehrmals zu dem Kuriosum geführt, dass Zufälle zwischen uns quasi »übergesprungen« sind. So tauchte etwa eine Schauspielerin, die im »Zufalls-Geflecht« des einen eine eminente Rolle gespielt hatte, plötzlich im Leben des anderen auf, indem er ihr gleich mehrmals hintereinander begegnete – leibhaftig, aber auch in Form von Erwähnungen in Artikeln und auf Plakaten. (Zwei Stunden nach Niederschrift dieser Zeilen sah ich die Frau übrigens in einem Fernsehfilm.)

---

10 Aus dem Manuskript zur Sendung *Diagonal*, August 2005.

Eine weitere, absonderlich sinnhafte »Fortsetzung« oder »Übertragung« erfolgte nach einer Erwähnung des Namens Stefanie Graf, wobei ich die ehemalige österreichische Leichtathletin meinte, die ja »zufällig« genauso heißt wie die bekannte ehemalige deutsche Tennisspielerin. Und just diese, die bekanntlich mit Andre Agassi verheiratet ist, fiel Peter auf eine völlig unerwartete Weise zu. Er las nämlich an jenem Abend, als ich besagte Steffi Graf (in einem Gespräch) erwähnt hatte, in Karl Kraus' Weltkriegsdrama und -farce *Die letzten Tage der Menschheit*. Und dort stieß er in der 5. Szene des ersten Akts auf folgendes Zitat: Es sagt nämlich »Der Graf«: »Das hätte mich rasend agassiert [...]« Und nur wenig später, am Ende der Szene, sagt er: »[...] heut könnt man mit der Steffi draußen soupieren.« (Der Ausdruck *agassieren* leitet sich übrigens vom französischen *agacer* – reizen, aufregen, ärgern – ab.)

Peter fragt – in jener Mail, in der er mir von diesem erstaunlichen Lektüre-Fund berichtete – mit einiger Verwunderung: »[...] wie, bitte, kam Karl Kraus in der ersten Hälfte des vorigen Jahrhunderts auf die Idee, einem Grafen Worte in den Mund zu legen, die sich in Kombination so lesen, als hätte er damit eine Jahrzehnte später geschlossene, transatlantische Ehe zweier weltberühmter Sportler antizipiert?«[11]

Eine Zeit lang hatten Peter und ich erwogen, unsere Korrespondenz auszugsweise als Buch zu veröffentlichen. Wir nahmen von diesem Vorhaben aber wieder Abstand, da unsere mitunter verschlungenen Zufallsgeschichten für Außenstehende wohl oft nur schwer nachvollziehbar wären. Wir führen unseren Briefbeziehungsweise Mailwechsel indes unvermindert fort. Die Zufälle gehen uns nicht aus, ganz im Gegenteil. Peter nimmt mitunter derart viele wahr, dass er sich zuletzt hauptsächlich nur

---

11 Aus einer unveröffentlichten Korrespondenz.

mehr auf jene konzentrierte, die mit den – verblüffend häufig auftretenden – Buchstaben B und P beginnen. Das alleine reicht schon für ausführliche Notate und Journaleintragungen.

In einem anderen *Diagonal*-Beitrag verwies Peter auf Paul Kammerer und dessen *Gesetz der Serie* – und darauf, dass auch in Kammerers Leben die Initialen B und P eine prominente Rolle gespielt haben: »Seine drei Erzfeinde in der zoologischen Welt hießen Bateson, Baur und Boulenger, die ersten drei Zitate aus der Einleitung von *Gesetz der Serie* stammen von Damen beziehungsweise Herren namens Berend, Buckle und Pape. Und den Tod und sein Grab fand Paul Kammerer in einem Ort namens Puchberg.«[12]

***

Paul Kammerer (1880–1926) hat versucht, die Existenz von Zufällen auf ein solides wissenschaftliches Fundament zu stellen. Damit wich er in zweifacher Hinsicht vom damaligen Status quo der Wissenschaft ab. Als Biologe vertrat er nämlich den Lamarckismus, der – im Gegensatz zum Darwinismus – die Vererbbarkeit von erworbenen Merkmalen behauptet. Der Lamarckismus geriet allerdings ausgerechnet durch Kammerer selbst in Misskredit, als nämlich – unter bis heute nicht ganz geklärten Umständen – durch die Entdeckung einer Manipulation an einer Geburtshelferkröte der schwer zu entkräftende Verdacht entstand, der Forscher habe wissenschaftliche Ergebnisse gefälscht. Woraufhin Kammerer, der seine wissenschaftliche Reputation zerstört sah, Selbstmord beging. (Arthur Koestler hat den Fall in dem Buch *Der Krötenküsser* dargestellt.)[13]

---

12 Aus dem Manuskript zur Sendung *Diagonal* von 15.09.2007.
13 Arthur Koestler: Der Krötenküsser. Der Fall des Biologen Paul Kammerer. Wien, München, Zürich: Molden 1972.

Seinen hervorragenden wissenschaftlichen Ruf, der ihm fast eine Stelle am renommierten Moskauer Pawlow-Institut eingebracht hätte (wenn die Sache mit der Kröte nicht passiert wäre), hatte Kammerer allerdings schon 1919 mit der Veröffentlichung seines Buches *Das Gesetz der Serie. Eine Lehre von den Wiederholungen im Lebens- und im Weltgeschehen* riskiert. Deshalb sah er sich in der »Vorrede« zu einer Erklärung genötigt, »was mich bewog, mit einem Werk hervorzutreten, das sich so weit abseits von meinem engeren ›Fache‹ ausbreitet«.[14] Und er erklärte offen seine Absicht: »Bisher okkulte Dinge von Mystik zu befreien, nicht bereits erhellte Dinge mit einem mystischen Schleier zu bedecken, ist mir Ziel und Vorsatz.«[15] Zu diesem Behufe entwickelte Kammerer, der viele Zufallsbegebenheiten sammelte, von denen er 60 schon im ersten Kapitel auflistete, eine höchst ehrgeizige und ambitionierte Terminologie von »Serientypen« und eine »Klassifikation der Serien«. Er glaubte, die Zeit wäre schon reif, seine Zufallsdeutung zu akzeptieren:

»So oft ich in früheren Jahren jemand begreiflich machen wollte, dass im anscheinend spontanen Wiederkehren gleicher oder ähnlicher Ereignisse etwas Gesetzmäßiges liege, wurde ich ausgelacht oder überhaupt nicht verstanden. Jetzt dagegen stoße ich fast überall auf sofortige Verständnisinnigkeit: man besinnt sich sogleich auf eigene einschlägige Erlebnisse; es fällt dem Belehrten entweder wie Schuppen von den Augen, oder er bedarf der Belehrung nicht mehr, weil er bereits selbständig zur gleichen Einsicht kam.«[16]

Eine ähnliche Erfahrung hatte auch der Psychoanalytiker C.G. Jung (1875–1961) gemacht, der sich – gemeinsam mit

---

14 Paul Kammerer: Das Gesetz der Serie. Eine Lehre von den Wiederholungen im Lebens- und im Weltgeschehen. Stuttgart, Berlin: Deutsche Verlagsanstalt 1919, S. 9.
15 Ebenda, S. 11.
16 Kammerer 1919, S. 22.

dem Physiker Wolfgang Pauli – dem Phänomen ebenfalls systematisch widmete: »Es handelt sich ja meist um Dinge, über die man nicht laut spricht, um sie nicht gedankenlosem Spotte auszusetzen. Ich war immer wieder erstaunt darüber, wie viele Leute Erfahrungen dieser Art gemacht haben und wie sorgsam das Unerklärliche gehütet wurde. Meine Anteilnahme an diesem Problem ist daher nicht nur wissenschaftlich begründet, sondern auch menschlich.«[17]

Auch Kammerers Interesse war in erster Linie wissenschaftlich begründet: Die »Gesetze der Serie« sind seiner Ansicht nach »ebenso fundamental wie jene der Physik, nur eben bis jetzt unerforscht«.[18] Kammerer definierte eine Serie als »eine gesetzmäßige Wiederholung gleicher oder ähnlicher Dinge und Ereignisse – eine Wiederholung (Häufung) in der Zeit oder im Raume, deren Einzelfälle, soweit es nur sorgsame Untersuchung zu offenbaren vermag, nicht durch dieselbe, gemeinsam fortwirkende Ursache verknüpft sein können«.[19] Damit glaubte Kammerer ein universelles Naturprinzip formuliert zu haben, das unabhängig von physikalischen Kausalprinzipien wirke. Er lieferte dafür zwar viele Belege, aber Beweise blieb er – naturgemäß – schuldig. So wollte er etwa den quasi gesetzmäßig funktionierenden Mechanismus erkannt haben, dass zu beobachtende Doppelgänger eines Menschen in der Regel kurz vor dem Original auftreten. (Meine eingangs erzählte Episode mit dem Schauspieler Schleyer fällt in diese Kategorie.) Deshalb böte sich einem, so man das Gesetz einmal erkannt und verinnerlicht hat, die Möglichkeit, bestimmten Menschen, wenn sie sich auf diese Weise »vorankündigen«, aus dem Wege zu gehen. Tja, nur funktioniert das eben nicht immer so einwandfrei ...

17 C. G. Jung: Synchronizität, Akausalität und Okkultismus. München: dtv 1991, S. 9f.
18 Koestler 1974, S. 87.
19 Kammerer 1919, S. 36.

Trotzdem war der Versuch Kammerers, Zufallsphänomene buchstäblich auf die Reihe zu bekommen, ein in seiner Konsequenz und Stringenz bewundernswertes und heroisches Unterfangen. Dafür bekam er auch von berufener Seite Lob: So hat etwa Albert Einstein Kammerers Ideen »originell und keineswegs absurd« gefunden. Und auch Sigmund Freud, dem wohl gefiel, dass hier ein Forscher mit dem gleichen wissenschaftlichen Ernst an serielle Koinzidenzen heranging wie er selbst an Träume, hat in seiner Abhandlung *Das Unheimliche* (1919) auf Kammerer Bezug genommen, auch wenn er nicht entscheiden wollte, ob jenem sein Vorhaben gelungen sei, das Unheimliche durch wissenschaftliche Enttarnung aufzuheben. (Jungs Ideen zur Synchronizität stand Freud deutlich ablehnender gegenüber.)

Der deutsche Publizist Henning Ritter hat in einem ausführlichen *FAZ*-Essay[20] die Vermutung geäußert, dass die Beschäftigung mit dem Zufall zu Kammerers Zeiten in Wien Mode gewesen sei – und dass die Art und Weise, wie Kammerer seine Fallgeschichten sammelte und in eine universelle Ordnung zu bringen versuchte, nämlich in Form eines »Weltmosaiks« und eines »Weltkaleidoskops«, typisch für diese »ornamentale« Zeit zu Ende des Ersten Weltkriegs gewesen sei: »Nicht zufällig stammen die eindrucksvollsten Serialitätsfälle aus dem Milieu der Armee, der Offiziere, der Uniformierten überall auf den Straßen. Sie waren besonders leicht zu verwechseln, bei ihnen wurde man leicht durch vermeintliche Ähnlichkeiten irregeführt.« Kein Wunder also, meint Ritter, dass es damals so viele Doppelgänger gab. Seine These, dass die Zwanzigerjahre des 20. Jahrhunderts, vor allem »das Alltagsleben in jenen verworrenen Jahren während des Krieges und danach besonders reich an Zufällen, Serien und Periodizitäten« gewesen sein könnten, und seinen Schluss, dass Kammerer misstrauisch hätte werden müssen, in diesen zu-

---

20 Henning Ritter: Das kann doch kein Zufall sein. In: FAZ, 07.04.2007.

fallsschwangeren Tagen »Zipfel einer ursprünglicheren Ordnung zu fassen zu bekommen«, halte ich aber für nicht richtig. Der Zufall ist keineswegs historisch und geografisch beschränkt. Er ist ein universeller Begleiter unseres Lebens. Und er war zu allen Zeiten (gleich) häufig anzutreffen.

Das belegen mir nicht zuletzt meine eigenen Zufallsgeschichten.

***

Bei einer Lesung trägt die Dichterin Anne Waldman ein Poem über Seekühe vor. Danach bin ich bei einem Freund zu Gast. Dessen Tochter soll als schulische Hausaufgabe ein paar Gedanken zum Thema »Welches Tier möchte ich sein?« zu Papier bringen. Sie fragt ihren Vater, was er ihr denn raten könne, und er entgegnet spontan: »Vielleicht eine Seekuh!?«

***

Ich stehe mit einem Freund in einem Buchgeschäft. Als die Besitzerin einen Herrn mit »Grüß Gott, Herr Homolka!« begrüßt, ist mein Freund beim Durchblättern eines Buches nahezu gleichzeitig, wie er mir sofort zeigt, auf den Namen »Homola« gestoßen. Später gehen wir in ein Café – gegenüber entdecken wir ein Firmenschild mit der Aufschrift »Komolka«.

***

Ich stehe während eines Geburtstagsfestes mit einer Bekannten plaudernd in einem Garten, als sich ein Mann zu uns gesellt, in dem ich den Autor Peter Lindenthal erkenne, der einige Bücher über den Jakobsweg veröffentlicht hat. Kurz darauf zeigt mir die Bekannte das Foto eines mit ihr befreundeten neuseeländischen Wissenschafters, das sie in Baden bei Wien aufgenommen hat. Er steht vor einem Plakat, das einen Vortrag über Neuseeland ankündigt. Darüber befindet sich noch eine weitere Ankündigung: ein Vortrag über den – Jakobsweg.

***

Ich gehe in Wien über den Gaußplatz (und durch die Augartenstraße) in den Augarten, wo ich ein paar Seiten aus dem Roman *Die Arbeit der Nacht* von Thomas Glavinic lese. Danach fahre ich zum Praterstern und gehe durch die Prater-Hauptallee zur Jesuitenwiese. Dort lese ich in dem Buch weiter und stoße auf Seite 384 auf folgende Passage: »[...] Fuhr über die Brücke, die Augartenstraße entlang. Hatte einen Unfall am Gaußplatz [...] Er fand sich im Prater wieder [...] Er ging über die Jesuitenwiese [...]«

***

Im Lichte der Wahrscheinlichkeitstheorie – um auf diese stetige und hartnäckige Begleiterin des Zufalls wieder zu sprechen zu kommen – sind unglaubliche Zufälle nichts Mysteriöses. »Seltene Ereignisse passieren irgendwem irgendwann mit Sicherheit«, sagt der Mathematiker Rudolf Taschner.[21] Wie etwa dem New Yorker Biophysiker Jorge Falus, der als Art »Un-Glückspilz« berühmt geworden ist. »Als 1985 in Mexiko-City 20.000 Menschen bei einem Erdbeben sterben, überlebt Falus in dem einzigen Gebäude, das von einem Häuserblock übrig bleibt. 9/11 überlebt er in einem Gebäude direkt neben den Twin Towers, den Tsunami drei Jahre danach, als er sich aus einem überflute-

---

21 Rudolf Taschner in: profil, 07.01.2007.

ten Jeep befreien und in den ersten Stock eines Hotels klettern kann.«[22]

Oder der Kubaner Jorge Marquez, der in seinem Leben fünfmal vom Blitz getroffen wurde – und immer überlebt hat. Der Zufallsforscher Jeffrey S. Rosenthal, Statistikprofessor an der Universität von Toronto, gibt zwar zu, dass Marquez »›schon sehr vom Unglück verfolgt wird‹. Doch als Bauer arbeite Marquez häufiger als andere im Freien, auch dann, wenn ein Gewitter naht. Und Kuba zählt in punkto Blitzschlägen zu den gefährlichsten Ländern. Daher war es, so die Logik des Statistikers, für Marquez wahrscheinlicher, vom Blitz getroffen zu werden, als für andere Erdenbürger.«[23]

Wenn sich gegen solch nüchterne Erklärungsversuche Widerstand in uns regt, ist das ganz natürlich, denn: »Der Glaube an die Macht entweder des Schicksals oder des Zufalls scheint ein fester Zug unserer Persönlichkeit zu sein«, schreibt der Publizist Stefan Klein in seinem Buch *Alles Zufall*[24]. Der Neuropsychiater Peter Brugger von der Uniklinik Zürich konnte in Versuchen zeigen, »dass das Gehirn mit zufälligen Zahlen und Mustern nur schwer umgehen kann. Ergebnis seiner bisherigen Forschungen: Aufgrund eines Überschusses des Botenstoffes Dopamin in der rechten Gehirnhälfte neigen Schicksalsgläubige zur Überinterpretation von Zufallsereignissen.«[25]

Sind »Zufallsgläubige« also Dopamin-Junkies? Wie so oft, wenn Wahrnehmungs- und Bewusstseinsphänomene auf ihre materielle Basis, auf ihr neurochemisches Substrat, zurückge-

---

22   Salzburger Nachrichten, 03.11.2007.
23   Ebenda.
24   Hier zit. n.: Salzburger Nachrichten, 03.11.2007.
25   Peter Brugger in: profil, 07.01.2007.

führt und damit relativiert werden, stellt sich die Frage, ob da nicht ein allzu grober Reduktionismus betrieben werde. Aber genauso gibt es ja auch grobe Vereinfachungen in die andere Richtung, wenn etwa Zufallsereignisse als kosmische Fingerzeige betrachtet werden, welche Auffassung Angela und Theodor Seifert in ihrem Buch *So ein Zufall! Synchronizitäten und der Sinn von Zufällen* vertreten. Für sie sind Synchronizitäten »sozusagen der ›Mausklick‹ in die kosmische Ordnung, wenn ich das ›große Wissen‹ an meinem Lebenscomputer mitspielen lasse.«[26] Und »wir können darauf vertrauen, dass die Seele weiß, was sie braucht, und im geeigneten Augenblick danach im ›Meer‹ des Unbewussten fischt und uns in Form einer Synchronizität zur Verfügung stellt«.[27] Wenn sinnvolle Zufälle, wie von den Seiferts behauptet, ausnahmslos als Manifestationen eines absoluten Sinnzusammenhangs interpretiert werden, der einem – so oder so – etwas »mitteilen« wolle, ist mir das auch unangenehm. Synchronizitäten werden dann nämlich zu einer Art Orakel, das einem den Weg – wohin auch immer – weist. Das geht mir zu weit (und in die falsche Richtung). Nach meiner Erfahrung können sinnvoll erscheinende Zufälle durchaus auch unsinnig sein – oder zumindest ihren tieferen Sinn verbergen, im Sinne von Heraklits Fragment 54: »Die unsichtbare Harmonie ist stärker als die sichtbare.«

Daher müssen wir uns wohl oder übel mit der Einsicht abfinden, dass wir die eigentlichen Zusammenhänge, sofern es solche überhaupt gibt, bestenfalls erahnen, aber niemals in direkt anzuwendender, nutzbringender Weise erkennen und umsetzen können. Wir müssen uns, wie der Philosoph Wilhelm Schmid schreibt, »mit der Beobachtung bescheiden, dass Zufälle sich oft

---

26 Angela, Theodor Seifert: So ein Zufall! Synchronizitäten und der Sinn von Zufällen. Freiburg i. Br.: Herder 2001, S. 21.
27 Ebenda, S. 106.

aneinanderreihen, als folgten sie einem geheimen ›Masterplan‹. […] Das lässt sich beobachten, beweisen lässt sich nichts. Was uns bleibt, ist lediglich, einen Sinn anzunehmen, der uns plausibel erscheint. Darin besteht die Lebenskunst. Das mildert die Einsicht, dass wir im Grunde ahnungslos sind.«[28]

---

28 Wilhelm Schmid: Die Kunst der Balance. Frankfurt/M., Leipzig: Insel 2005, S. 35.

ZEITLOS?

Eine Meditation über das Hier und Jetzt

»[...] immer wunderte es ihn ein wenig, dass diese andere Wirklichkeit möglich war. Dass sein Hier und Jetzt nicht die einzige Wahrheit war.«
(Thomas Glavinic)[1]

Der Königsweg zur Erleuchtung ist nicht sehr einleuchtend. Man müsse sich, so heißt es in einschlägigen Ratgebern, Bibeln und Fibeln, einfach nur auf das Hier und Jetzt konzentrieren. Der momentane Zeitpunkt sei das einzig Reale, nur in ihm sei der volle und wahre Gehalt des Lebens erfahrbar. Mir erscheint das erkenntnistheoretisch fragwürdig, denn damit sollte man ja auf das einzig gerade nicht Fassbare zurückgreifen, auf jenen mysteriösen Nu, dessen man niemals wirklich (aber was heißt in diesem Zusammenhang schon wirklich?) gewahr wird. Der holländische Schriftsteller Harry Mulisch bringt die Widersprüchlichkeit der absoluten Gegenwärtigkeit auf den Punkt: »Im Jetzt gehen die unvorhersagbaren Möglichkeiten der Zukunft in die Notwendigkeit der Vergangenheit über. Das bedeutet: Das Jetzt ist die Grenze zwischen Möglichkeit und Notwendigkeit, es ist sowohl beides als auch keines von beiden – es ist selbst der Widerspruch. Das Jetzt, das einzig wirklich Existierende, ist vollkommen rätselhaft.«[2]

Damit bekommt das Konzept, das vor allem in den »Meditationsreligionen« des Fernen Ostens eine zentrale Rolle spielt,

---

1   Thomas Glavinic: Das Leben der Wünsche. München: Hanser 2009, S. 289.
2   Harry Mulisch: Die Säulen des Herkules. Übersetzt aus dem Niederländischen von Gregor Seferens. München: Hanser 1997, S. 130.

jene Aura des Unbegreiflichen und Geheimnisvollen, deretwegen diese im »entzauberten« Westen ja so geschätzt werden. Das Einfachste als das Schwierigste; das einzig Mögliche als das Unmögliche; die Leere als die Fülle – alle diese Paradoxien klingen verheißungsvoll. Eben weil man sie nicht widerspruchsfrei denken kann, gelange man mit ihrer Hilfe über das Denken hinaus und erfahre die Wirklichkeit unmittelbarer, heißt es in Traditionen, die im menschlichen Intellekt eher ein Hindernis als ein Instrument für Erkenntnis sehen, wie etwa der Zen-Buddhismus. Aber wie lebt man, was man nicht denken kann?

Für den vietnamesischen Mönch Thich Nhat Hanh ist die Achtsamkeit für jegliche Tätigkeit die absolute Hingabe an den Moment und somit das wahre Leben. Achtsamkeit solle nicht nur während der Meditation praktiziert werden, sondern 24 Stunden am Tag: »Ihr solltet Meditation üben beim Gehen, Stehen, Liegen, Sitzen und Arbeiten, beim Händewaschen, Abspülen, Kehren und Teetrinken, im Gespräch mit Freunden und bei allem, was ihr tut.«3 Das ist ein probates Rezept gegen die allgemeine Zerstreuungswut in heutigen Lebenswelten, gegen das epidemische »Multitasking«, also stets mehrere Dinge gleichzeitig zu tun, aber nichts mit vollem Bewusstsein. Andererseits ist es aber auch, konsequent zu Ende gedacht (und ganz ohne Denken geht es ja doch nicht), eine Einschränkung unserer menschlichen Möglichkeiten. Wir sind nun einmal Wesen, die nicht ständig am gegenwärtigen Augenblick hängen müssen. Wir können und dürfen auch abschweifen. Das eröffnet große Freiheiten und Chancen. Auf diese Weise entsteht erst so etwas wie Kultur. Was wäre etwa aus dem Romanzyklus *Auf der Suche nach der verlorenen Zeit* von Marcel Proust geworden, hätte sich der kränkliche Franzose stets nur auf seine deprimierende Ge-

---

3 Thich Nhat Hanh: Lächle deinem eigenen Herzen zu. Hg. v. Judith Bossert u. Adelheid Meutes-Wilsing. Freiburg i. Br.: Herder 1999, S. 45.

genwart als Bettlägeriger konzentriert? Kann man Theater- oder Filmaufführungen überhaupt genießen, wenn man seine Achtsamkeit statt auf die Handlung ständig darauf richtet, soeben in einem Theater- oder Kinosaal zu sitzen? (Wenn einem das Bein einschläft oder der Nachbar ins Gesicht hustet, wird man sich der Gegenwärtigkeit schnell genug wieder bewusst.) Wäre nicht jeglicher Zauber von Kunstwerken verflogen, wenn sie uns nicht aus der Gegenwart entführen könnten? Phantasiereisen aller Art sind doch wunderbare Möglichkeiten des Menschen, dem oft als unbefriedigend und eng empfundenen Hier und Jetzt zu entfliehen – und ein reichhaltigeres Leben zumindest zu imaginieren. Schein ist kein Gegensatz von Sein, sondern eine von dessen kulturellen Erweiterungen – und somit eine kolossale menschliche Errungenschaft, auf die man freiwillig nicht verzichten will. Warum auch? Wie erschreckend und eindimensional eine ganz in gegenwärtigen Eindrücken gefangene Existenz sein kann, hat der amerikanische Neurologe und Schriftsteller Oliver Sacks in einer seiner Fallgeschichten beschrieben. Darin verfügt ein Mann nach Drogenmissbrauch plötzlich über das Geruchsvermögen eines Hundes. Eine Vielzahl an olfaktorischen Sensationen dringt in sein Bewusstsein, wobei die mit den Gerüchen verbundenen Informationen ihn derart in Beschlag nehmen, dass er für alle anderen Wahrnehmungen keine Aufmerksamkeit mehr übrig hat. Der Mann geht, wie vermutlich jeder Hund, völlig in der Gegenwart seiner Sinneseindrücke auf. Für ihn gibt es kein Gestern und kein Morgen mehr, nur das unmittelbare Hier und Jetzt.[4] Keine sehr einladende Perspektive.

Anders sieht das Hier-und-Jetzt-Konzept im psychotherapeutischen Kontext aus. Dabei wird, etwa in der Gestalttherapie nach Fritz Pearls oder in der »existenziellen Therapie« des (auch

---

4 Oliver Sacks: Hundenase. In: Ders.: Der Mann, der seine Frau mit dem Hut verwechselte. Übersetzt v. Dirk van Gunsteren. Reinbek bei Hamburg: Rowohlt 1998.

als Romancier bekannten und erfolgreichen) Amerikaners Irvin D. Yalom, das Hier und Jetzt als begrenzte Ressource genützt, um das Verhalten des Klienten zu erkennen – und zu verändern. Man geht davon aus, dass sich im Hier und Jetzt zwischen Therapeut und Klient genau jene Muster zeigen, die dessen Leben auch sonst bestimmen. »Das heißt, die Patienten werden früher oder später in der Therapiesituation das gleiche Verhalten an den Tag legen wie in ihrem Leben draußen. Wer zurückhaltend, arrogant, furchtsam, verführerisch oder fordernd ist, wird früher oder später in der Therapiestunde dem Therapeuten gegenüber dasselbe Verhalten zeigen.«[5] Anders als die orthodoxe Psychoanalyse, die in der – zumeist frühkindlichen – Vergangenheit des Klienten die Schlüssel für heutiges (Fehl-)Verhalten sucht, wird in den gegenwartsbezogenen Therapien ein »sicheres Laboratorium, eine bequeme Arena« im Hier und Jetzt erschaffen, »in der Patienten Risiken eingehen, ihr dunkelstes und ihr hellstes Selbst enthüllen können, Rückmeldungen bekommen und [...] mit persönlicher Veränderung experimentieren können.«[6]

Das erscheint mir logisch und nachvollziehbar. Genauso wie die in der so genannten »Zeitpsychologie« vorgenommene Typologie, wonach die meisten Menschen eine dominierende Zeitperspektive entwickeln. »Sie orientieren sich also überwiegend entweder an der Zukunft, der Gegenwart oder der Vergangenheit. Das schlägt sich in bestimmten, deutlich unterscheidbaren Lebens- und Arbeitsstilen nieder.«[7] Wenn diese Orientierung allzu einseitig wird, sich etwa jemand völlig in der Vergangenheit verliert, wird sein Leben zwangsläufig aus der Balance geraten. Das kann aber auch passieren, wenn man sich ganz der Gegenwart verschreibt. Der »Steckbrief« einer »fatalistischen Gegen-

5   Irvin D. Yalom: In die Sonne schauen. Aus dem Amerikanischen v. Barbara Linner. Berlin: btb 2008, S. 212.
6   Ebenda, S. 213.
7   Psychologie heute 1/2009, S. 20.

wartsorientierung« sieht dann so aus: »Das Gute im Leben wird eher glücklichen Umständen als eigener Anstrengung zugeschrieben; es lohnt nicht, sich zu bemühen – lieber den Augenblick genießen; hohe Impulsivität, leichte Verführbarkeit durch den Genuss versprechenden Augenblick, deshalb hohe Suchtanfälligkeit, hohe Bereitschaft zu riskantem Verhalten.«[8]

Hier wird also aus jemandem, der konsequent im Hier und Jetzt verharrt, schnell ein potenzieller Junkie oder Zocker. So gesehen wäre das meditative Versenken in den Augenblick eine Art Einstiegsdroge. So wird es aber wohl nicht gemeint sein. Wie aber dann?

Die Lösung, wenn man solch einen pragmatisch zupackenden und viel versprechenden Begriff in diesem Zusammenhang überhaupt verwenden will, liegt in der Konstruktion – Meditierende sprechen auch von »Erfahrung« – von Zeitlosigkeit. Nur im Lichte eines »zeitlosen Jetzt« macht das Reden von ständiger Gegenwart »Sinn«. Man muss dann davon ausgehen – oder eben erfahren haben –, dass nichts anderes existiert als der gegenwärtige Augenblick. Oder wie es der amerikanische Bewusstseinsforscher Ken Wilber ausdrückt: »Wenn ein vergangener Gedanke auftaucht, ist das eine gegenwärtige Erfahrung. Man denkt an gestern und es ist immer noch eine gegenwärtige Erfahrung. Denkt man an morgen, ist auch das eine gegenwärtige Erfahrung. Gedanken an die Vergangenheit und die Zukunft werden zugelassen, weil sie nur genau jetzt auftauchen.«[9]

Vergangenheit und Zukunft sind in diesem Modell, anders als in unserem Alltagsverständnis, keine zurückliegenden oder erst kommenden Zeitabschnitte, sondern Funktionen eines allgegenwärtigen Jetzt. Quantenphysikalische Experimente sowie neurophysiologische Erkenntnisse, die zeigen, dass Vergangen-

---

8 Ebenda, S. 21.
9 Ken Wilber in: Integrale Perspektiven 9/2008, S. 26.

heit im Gehirn nicht abgespeichert, sondern aktuell »erzeugt« wird, stützen diese Annahmen, aber im Grunde landet man damit doch nur wieder bei jenem ominösen »Jetzt«, das Harry Mulisch als »vollkommen rätselhaft« bezeichnet hat. Um über dieses Rätsel hinauszugelangen, braucht man vermutlich eben doch viel Zeit. Auch wenn es sie gar nicht gibt. Aber das wird einem nur zeitweilig klar.

Mein Dank
für Anregungen, Anmerkungen und Lektorate geht an:

David Axmann
Valerie Besl
Ulrike Draesner
René Freund
Daniel Glattauer
Angela Heide
Cornelius Hell
Ingeborg Hirsch
Sigrid Huszar
Peter Jungwirth
Dörthe Kaiser
Julia Kaldori
Thomas Karny
Thomas Keul
Christl Lieben
Agnes Muthsam
Basil Nikitakis
Jan Pazourek
Werner Schandor
Hermann Schlösser
Martina Schmidt
Stefan Slupetzky
Ulli Steinwender
Andreas Wirthensohn
Franz Zauner